Ludwig Thoma

Die Lokalbahn

Komödie in drei Akten

(Großdruck)

Ludwig Thoma: Die Lokalbahn. Komödie in drei Akten (Großdruck)

Erstdruck: München (Langen) 1902. Uraufführung am 19.10.1902 in München, Residenztheater.

Neuausgabe mit einer Biografie des Autors
Herausgegeben von Theodor Borken
Berlin 2021

Der Text dieser Ausgabe folgt:
Ludwig Thoma: Gesammelte Werke in sechs Bänden. Erweiterte Neuausgabe. Textredaktion: Albrecht Knaus, München: Piper, 1968.

Umschlaggestaltung von Thomas Schultz-Overhage unter Verwendung des Bildes: Claude Monet, Bahnhof St. Lazare (Ausschnitt), 1877

Gesetzt aus der Minion Pro, 16 pt, in lesefreundlichem Großdruck

ISBN 978-3-8478-5358-9

Bibliografische Information der Deutschen Nationalbibliothek:
Die Deutsche Nationalbibliothek verzeichnet diese Publikation in der Deutschen Nationalbibliografie; detaillierte bibliografische Daten sind im Internet über www.dnb.de abrufbar.

Henricus - Edition Deutsche Klassik GmbH, Berlin
Herstellung: Books on Demand GmbH, Norderstedt

Personen

Friedrich Rehbein, rechtskundiger Bürgermeister von Dornstein.

Anna Rehbein, seine Frau.

Susanna, beider Tochter.

Karl Rehbein, Major a.D., Bruder des Bürgermeisters.

Frieda Pilgermaier, Schwester der Bürgermeisterin.

Dr. Adolf Beringer, Amtsrichter, Bräutigam der Susanna Rehbein.

Josef Schweigel, Brauereibesitzer.

Franz Stelzer, Kaufmann.

Anton Hartl, appr. Bader.

Mathias Kiermayer, Schreinermeister.

Xaver Gruber, Schlossermeister.

Peter Heitzinger, Redakteur des Dornsteiner Wochenblattes.

Alois Gschwendtner, Buchbindermeister.

Jakob Lindlacher, Drechslermeister.

Marie, Dienstmädchen bei Rehbein.

Bürger von Dornstein, Frauen, Kinder, Musikanten.

Zeit: Gegenwart. Ort: Dornstein, eine deutsche Kleinstadt.

Erster Akt

Der erste Akt spielt im Gartenzimmer der Wohnung des Bürgermeisters Rehbein. Großes Zimmer; nach rückwärts durch die Fenster und die offene Tür Blick in den sommerlichen Garten. Heißer Sommernachmittag.

Erste Szene

Frau Bürgermeister, ihre Tochter Susanna, Major Rehbein sitzen beim Kaffee.

MAJOR *über seine Zeitung wegblickend.* Der Fritz muß nun bald kommen?

FRAU BÜRGERMEISTER. Wenn er am Vormittag fertig wurde. *Seufzt.* Ach ja!

MAJOR. Hm! *Liest wieder die Zeitung und raucht an der Pfeife.*

FRAU BÜRGERMEISTER. Ach Gott, ja! Suschen, gib mir den Honig. *Suschen reicht ihr die Schale; die Bürgermeisterin streicht Honig auf die Brötchen und seufzt wieder.* Wenn er nur schon wieder glücklich zu Hause wäre!

MAJOR *über die Zeitung weg.* Was soll ihm denn passieren? Gestern abend ist er in die Stadt, und heute kommt er wieder.

FRAU BÜRGERMEISTER. Er hat eine Unterredung mit dem Minister.

MAJOR. Das ist nicht immer angenehm, aber lebensgefährlich ist es nicht.

FRAU BÜRGERMEISTER. Mit dir kann man über so was nicht reden. *Zu Suschen.* Gib mir nochmal den Honig!

SUSCHEN *reicht ihr die Schale.* Was tut Papa beim Minister?

FRAU BÜRGERMEISTER. Du weißt doch, wegen der Bahn.

SUSCHEN. Immer die Bahn!

FRAU BÜRGERMEISTER. Man hört nichts anderes mehr seit einem Jahr. Die Bahn und die Bahn.

SUSCHEN. Mein Adolf sagt auch, es sei gräßlich.

MAJOR *brummig.* So?

SUSCHEN. Und er sagt, er wäre mit dem Streit gleich fertig, wenn er zu entscheiden hätte.

MAJOR. Sagt das der Adolf?

SUSCHEN. Ja, und er hat auch ganz recht.

MAJOR. Na, überall sind der Herr Amtsrichter nicht maßgebend.

FRAU BÜRGERMEISTER. Mir wäre alles recht, wenn Fritz sich nicht so weit einlassen würde.

MAJOR. Das muß er wohl oder übel.

FRAU BÜRGERMEISTER. Er hat die ganze Arbeit und dazu die Aufregung.

MAJOR. Was ist denn dabei, wenn er dem Minister Vorstellungen macht?

FRAU BÜRGERMEISTER. Wenn er ruhig wäre! Aber, er war so wütend.

MAJOR *lacht.* Der Fritz?

FRAU BÜRGERMEISTER. Ja. Hättest du ihn nur gehört! In der Nacht hat er mit sich selber geredet, und beim Abschied sagte er, daß er einmal gründlich von der Leber weg reden wolle.

MAJOR. Die Fahrt in die Residenz dauert vier Stunden. Da vergeht ihm der Zorn, wie ich ihn kenne.

FRAU BÜRGERMEISTER. Du beurteilst ihn ganz falsch. Er kann schrecklich aufbrausen.

MAJOR. Wenn er's nur tät'!

FRAU BÜRGERMEISTER. Ja freilich!

MAJOR. Das hätte sich schon vor einem Jahr gehört.

FRAU BÜRGERMEISTER. Ich habe die größte Angst, daß er sich hinreißen läßt.

SUSCHEN. Adolf sagt oft, Papa sei viel zu frei in seinen Äußerungen.

MAJOR. Ja, wenn man eben so korrekt ist wie dein Amtsrichter.

SUSCHEN. Du bist immer gegen ihn, Onkel – und ...

Von links tritt Dr. Beringer ein; blond, trägt Brille. Typus eines jungen Pedanten, Suschen springt ihm entgegen.

Zweite Szene

Frau Bürgermeister. Suschen. Major. Dr. Beringer.

SUSCHEN. Servus, Schatz!

BERINGER. Aber Suschen! Guten Tag. Immer so burschikos!

MAJOR *hinter seiner Zeitung.* Gewöhn dir's ab, Susanna Rehbein!

BERINGER. Guten Tag, Herr Major.

MAJOR. Guten Tag.

FRAU BÜRGERMEISTER. Du trinkst mit uns Kaffee, Adolf?

BERINGER. Ich sollte eigentlich ins Bureau.

SUSCHEN. Nein. Du mußt bleiben.

BERINGER. Also auf eine Tasse. *Er setzt sich, Suschen stellt ihm eine Tasse hin und nimmt aus der Dose einige Stücke Zucker.*

SUSCHEN. Wieviel Zucker heute? Drei?

BERINGER. Du weißt, ich nehme mir selbst. *Nimmt sich aus der Zuckerdose etwas umständlich drei Stücke, Suschen legt die ihrigen auf den Tisch und schenkt ihm den Kaffee ein.*

BERINGER. Papa ist noch nicht zurück?

FRAU BÜRGERMEISTER. Nein; der Omnibus muß Verspätung haben.

BERINGER. An der Post habe ich ein paar Leute gesehen. Die erwarteten ihn scheinbar; das ist ja eine fürchterliche Wichtigkeit.

FRAU BÜRGERMEISTER. Gerade haben wir davon gesprochen.

SUSCHEN. Wer war an der Post?

BERINGER. Herr Stelzer und noch ein paar. Der Herr Schweigel natürlich.

SUSCHEN. Hast du mit ihnen geredet?

BERINGER. Nein. Ich bin froh, wenn ich nichts höre. Die Leute tun ja so, als ob die ganze Welt von ihrer Bahn abhinge.

MAJOR. Es ist doch klar, daß sie sich darum kümmern.

BERINGER. Gewiß. Aber das Ministerium hat definitiv entschieden, und da hilft alles Reden nichts mehr.

MAJOR. Man kratzt sich, wo's einen juckt.

BERINGER. Die Bahn ist ja genehmigt.

MAJOR. Aber wie! Der Bahnhof kommt eine Viertelstunde vor die Stadt hinaus.

BERINGER. Bis jetzt hat man zur nächsten Station drei Stunden mit dem Omnibus fahren müssen.

MAJOR. Das ist doch kein Grund, daß man die Bahn unpraktisch anlegt, wenn man sie schon einmal baut.

FRAU BÜRGERMEISTER. Ich habe gemeint, die ewige Streiterei nimmt ein Ende; warum ist jetzt auf einmal wieder der Spektakel?

MAJOR. Weil vorgestern ein Schreiben herauskam. Bis dahin hat man noch eine schwache Hoffnung gehabt.

BERINGER. Das Ministerium hat die Hetzerei satt bekommen und erklärt: »Entweder – oder.«

MAJOR. Sehr einfach. Entweder – oder.

BERINGER. Ja. Entweder kommt die Bahn dorthin, wo die Regierung sie haben will – oder sie kommt überhaupt nicht.

FRAU BÜRGERMEISTER. Mein Mann hat so eine Andeutung gemacht, aber er hat mir nichts Näheres gesagt.

MAJOR. Er ist ja deswegen in die Stadt, damit er den Minister noch umstimmt. Das wird was helfen! Wenn die Herren überhaupt sehen wollten, wäre es nicht zu dem Projekt gekommen.

BERINGER. Herr Major, ich habe als Jurist vielleicht so viel Verstand wie ein Normalbürger von Dornstein. Aber ich maße mir nicht an, in technischen Fragen mitzureden. Für mich ist maßgebend die Behörde; sie wird ihre Gründe haben.

MAJOR. Freilich hat sie Gründe. Aber keine sachlichen.

BERINGER. Ich muß wirklich bitten.

MAJOR. Bitten S' nicht lang und schauen Sie einmal her! *Er nimmt den Brotkorb und stellt ihn vor sich hin.* Das ist Dornstein? Verstanden?

FRAU BÜRGERMEISTER. Geht das schon wieder an?

MAJOR. Jetzt misch dich einen Augenblick nicht drein.

SUSCHEN. Ist das auch eine Unterhaltung?

MAJOR. Stillgestanden! Schauen Sie einmal her, Herr Amtsrichter! Ich habe ja nicht so viel Verstand wie ein Jurist, aber das kann ich Ihnen noch zeigen. *Nimmt wieder den Brotkorb.* Also, das ist Dornstein. Nicht wahr?

BERINGER *gelangweilt.* Nun ja.

MAJOR. Da rechts liegt Pertenstein. *Legt eine Semmel hin.* Von daher soll die Bahn gehen. Also, meint man, geht sie auf dem schnurgeraden Wege hierher südlich. Der Boden ist eben und fest. Noch dazu käme der Bahnhof hart an die Stadt. Alle Gründe sind dafür. Aber nein, nichts da! Die Bahn muß da heroben *deutet* um die Stadt herum, durch nasses Terrain, schneidet den Garten vom Bierbrauer Schweigel mitten durch, und der Bahnhof liegt weitmächtig draußen. Sehen Sie da sachliche Gründe?

BERINGER *nervös.* Ich bin eben nicht Techniker. Ich sehe sie nicht, aber sie sind jedenfalls vorhanden.

MAJOR *sieht ihn einen Augenblick an.* Ja so. Da hätte ich mir die Arbeit sparen können. Tun wir den Bahnhof wieder weg! *Schiebt den Brotkorb zurück.*

FRAU BÜRGERMEISTER. Das ist auch das Gescheiteste. Ihr werdet ja doch nicht einig.

MAJOR. Allerdings.

BERINGER. Ich finde es – abgesehen von allem anderen – so zwecklos, an einer beschlossenen Sache rütteln zu wollen.

MAJOR. Auch dann, wenn man das Unrecht sieht?

BERINGER. Was, Unrecht!

MAJOR. Warum soll man Verstecken spielen? Jedermann weiß, daß der Baron Reisach für seine Ziegelei den Umweg durchgesetzt hat.

BERINGER. Er ist einmal der größte Industrielle im Bezirk.

MAJOR. Dann soll er sich selber ein Gleis bauen.

BERINGER. Ich begreife nicht, warum Sie sich darüber aufregen. Es muß Ihnen doch peinlich sein, wenn die Leute fortwährend über die Autorität losziehen.

MAJOR. Das ist mir ganz wurst. Ich begreife vielmehr nicht, wie einem bloß das gelten kann, was mit dem Amtssiegel petschiert ist.

BERINGER. Ich bin Beamter.

MAJOR. Wie ich jung war, hat man die Menschheit nicht in Beamte und sonstige Zweifüßler eingeteilt.

FRAU BÜRGERMEISTER. Jetzt hört aber auf!

SUSCHEN. Du bist recht garstig, Onkel!

BERINGER. Ich halte es für meine Pflicht, keine Kritik auszuüben.

MAJOR. Wenn man sieht, daß ein Unsinn gemacht wird, sagt man es frisch weg.

BERINGER *erregt.* Sie wollen doch nicht sagen, daß eine Behörde in ihrem Wirkungskreis einen Unsinn begeht?

MAJOR. Warum denn nicht? Halten Sie die Leute für unfehlbar?

BERINGER. In gewisser Beziehung – ja!

MAJOR *schlägt zornig auf den Tisch.* Drei Teufel übereinander! Da hört sich doch Verschiedenes auf.

FRAU BÜRGERMEISTER. Aber Schwager!

MAJOR. Das ist der richtige Hochmut! Deswegen werden heutzutag so viele Dummheiten gemacht. *Beringer ist aufgestanden, knöpft den Rock zu, nimmt den Hut und verbeugt sich sehr gemessen.*

BERINGER. Ich habe die Ehre.

SUSCHEN *steht ebenfalls auf.* Bleib, Adolf! Der Onkel meint es nicht so.

BERINGER *geht nach links.* Ich muß dir offen gestehen, daß mir derartige Szenen unangenehm sind. Meine Stellung erlaubt mir nicht, alles anzuhören. *Suschen schiebt ihren Arm unter den seinen; sie gehen zusammen links ab. Man hört Beringer noch unter der Türe sagen.* Als Beamter habe ich gewisse Rücksichten zu üben ...

Dritte Szene

Frau Bürgermeister. Der Major.

FRAU BÜRGERMEISTER. Müßt Ihr denn immer streiten? Jedesmal fängst du an.

MAJOR. Da gehört eine Schafsgeduld dazu, wenn man so was hört.

FRAU BÜRGERMEISTER. Du bist schon zornig, wenn Adolf nur den Mund aufmacht.

MAJOR. Ich kann es nicht leiden, wenn einer sich stellt, als wenn er einen Ladstecken verschluckt hätte.

FRAU BÜRGERMEISTER. Mit dem Streiten wird auch nichts besser.

MAJOR. Es wird einem gleich viel wohler, wenn man seine Meinung heruntersagt.

FRAU BÜRGERMEISTER *lebhaft.* Der Fritz! Da kommt der Fritz!

Durch die Gartentür treten ein Bürgermeister Rehbein,
Bierbrauer Schweigel und Kaufmann Stelzer. Rehbein gutmütig,
etwas altväterisch, in den fünfziger Jahren, Schweigel gesunder
Bierbrauertypus, Stelzer mit kleinstädtischer Sorgfalt gekleidet,
höflicher Kaufmann mit gewählter Sprechweise. Schweigel trägt
diensteifrig den altmodischen Reisesack des Bürgermeisters.

Vierte Szene

Frau Bürgermeister. Major. Bürgermeister. Schweigel. Stelzer.

FRAU BÜRGERMEISTER *freudig.* Grüß Gott, Fritz!

BÜRGERMEISTER *sie auf beide Wangen küssend.* Grüß Gott, Mama! Da wären wir ja wieder daheim. So, Karl! *Schüttelt dem Major die Hand.* Das hätten wir überstanden. Wo ist denn Suschen?

FRAU BÜRGERMEISTER. Mit Adolf. Er ist gerade fort.

BÜRGERMEISTER. So, mit Adolf? Du, Mama, die Herren waren so liebenswürdig und haben mich an der Post abgeholt.

FRAU BÜRGERMEISTER. Das ist nett von Ihnen.

STELZER. Bitte sehr, Frau Bürgermeister. Nicht mehr wie billig. Als Vorstand des Gemeindekollegiums war es sozusagen meine Schuldigkeit. In dieser Beziehung.

SCHWEIGEL. Und mir hätten aa glei' wissen mögen, wia's ganga hat. Aba da Herr Bürgermoasta hat no koa Zeit g'habt zum Verzählen vor lauter Freud, daß er wieda dahoam is.

BÜRGERMEISTER. Die Herren müssen zum Kaffee bleiben.

FRAU BÜRGERMEISTER. Freilich! *Geht zur Türe links und ruft.* Marie, noch zwei Tassen! *Zu Stelzer und Schweigel.* Sie schenken uns doch die Ehre?

STELZER. Bitte sehr, Frau Bürgermeister, die Ehre ist unsererseits. Wenn Sie erlauben, sind wir so frei.

11

FRAU BÜRGERMEISTER. Wollen sich die Herren doch setzen. *Alle setzen sich.*

BÜRGERMEISTER. Das ist behaglich nach dem Trubel in der Stadt.

SCHWEIGEL. I bin aa jed'smal froh, wenn i wieda dahoam bi'.

STELZER. Unser Dornstein vereinigt sozusagen die Vorzüge des Stadt- und Landlebens! Man genießt die Ruhe und ist doch in den nötigen Lebensbedürfnissen nicht zu sehr beschränkt.

FRAU BÜRGERMEISTER. Aber erzähl doch, Fritz! Wie hat es gegangen?

SCHWEIGEL. Hamm S' an Minister troffen? *Zu Marie, die den Kaffee gebracht hat und einschenkt.* A bissel mehr Milli, bitt schön.

MAJOR. Schieß mal los!

BÜRGERMEISTER. Es war ein heißer Tag, meine Herren. Ein sehr heißer Tag.

SCHWEIGEL. Und wer gibt nach? Mir oder de ganz andern?

BÜRGERMEISTER. Leider, meine Herren, zu meinem Bedauern, *Zuckt die Achseln.* ich konnte nichts mehr ändern.

SCHWEIGEL *heftig.* I hab's ja glei g'sagt. Da hat's koana glaab'n wollen. *Auf Stelzer deutend.* Da sitzt aa so oana, der allawei predigt hat: nur Ruhe – nur Ruhe! Jetzt hamm s' an Dreck. Entschuldigen schon, Frau Bürgermoasta.

STELZER. Wir, im Gemeindekollegium, glaubten, daß ein maßvolles Verhalten am besten sein würde.

SCHWEIGEL. Nix is – Hätt'n ma nur 's Maul besser aufg'rissen.

MAJOR. Also glattweg abgelehnt, Fritz?

BÜRGERMEISTER. Der Minister bleibt bei dem Entweder – Oder.

SCHWEIGEL. Und lacht uns brav aus.

BÜRGERMEISTER. Das nicht. Im Gegenteil. Es sind scharfe Worte gefallen.

SCHWEIGEL. Hoffentli, aba – –

STELZER. Lassen wir doch unsern Herrn Bürgermeister erzählen.

FRAU BÜRGERMEISTER. So fang doch einmal an, Fritz!

BÜRGERMEISTER. Gleich. Also ich fahre gestern früh in die Stadt. Sie können sich denken, in einiger Aufregung.

STELZER. Das läßt sich begreifen.

BÜRGERMEISTER. Ich komme an und werde gleich vorgelassen. Wie ich eintrete, sagte der Minister: »Ah, da ist ja mein lieber Bürgermeister von Dornstein!«

SCHWEIGEL *nachäffend.* »Mein lieber!« Da bals d' net gehst.

BÜRGERMEISTER. Ich sage: Exzellenz, ich komme heute in dringender Sache. »Weiß schon«, sagte er, »Sie wollen mich in der bewußten Angelegenheit sprechen.«

SCHWEIGEL. »Bewußt!« Dös is freili bewußt.

BÜRGERMEISTER. Dann sagte er: »Ich habe den guten Dornsteinern das Ultimatum stellen müssen. Die Sache geht sonst nicht vorwärts. Hoffentlich hat man sich jetzt eines Besseren besonnen.«

SCHWEIGEL *in den Tisch schlagend, daß die Tassen klirren.* Hast scho amal so was g'hört?

STELZER. Die kommerziellen Interessen unserer Stadt sollten doch besser gewürdigt werden.

SCHWEIGEL *ungestüm.* Hamm Sie Eahna des g'fallen lassen?

FRAU BÜRGERMEISTER. Was hast du gesagt, Fritz?

BÜRGERMEISTER. Mir ist das Blut siedheiß in den Kopf gestiegen. Ich denke mir, da hört sich doch die Gemütlichkeit auf.

MAJOR. Ja, und?

BÜRGERMEISTER. Und … und ich trete einen Schritt zurück, und dann habe ich losgelegt. Aber gründlich! Exzellenz, sage ich, wo ist hier das Bessere? Warum, sagte ich, müssen wir uns eines Bessern besinnen? »Weil ich sonst nicht in der Lage bin, das Projekt zu befürworten«, sagte er.

MAJOR. War's dann fertig?

BÜRGERMEISTER. Nein, dann ging es erst recht an. Ich dachte mir, jetzt ist schon alles gleich.

SCHWEIGEL *brüllt.* Bravo!

BÜRGERMEISTER. Das ist ein Zwang, sagte ich, ein unerhörter Zwang. Das lassen wir uns nicht bieten! Und dann redete ich mich in den Zorn hinein. Ich weiß auch nicht mehr jedes Wort, aber es war scharf.

SCHWEIGEL. Hamm S' aufdraht?

BÜRGERMEISTER. Ich sparte nichts, was gesagt werden mußte.

FRAU BÜRGERMEISTER *ängstlich.* Aber Fritz!

BÜRGERMEISTER. Mama, es mußte sein.

SCHWEIGEL. Der werd g'schaugt hamm!

BÜRGERMEISTER. Er war sichtlich betroffen, als ich ging. Das hatte er sich wohl nicht erwartet.

FRAU BÜRGERMEISTER. Wenn er dir nur nichts nachträgt!

SCHWEIGEL. Ah was! Da san mir Dornstoana scho da! Dös vergessen mir Eahna net, Herr Bürgermoasta, daß S' so aufdraht hamm. Dös is ja großartig! Da! Geb'n S' ma Eahna Hand! *Schüttelt dem Bürgermeister kräftig die Hand.*

STELZER. Mir auch, wenn Sie erlauben, Herr Bürgermeister. Als Vorstand des Kollegiums, und in dieser Beziehung.

BÜRGERMEISTER. Ich danke Ihnen, meine Herren. Sie sind zu freundlich. Ich habe nur meine Pflicht getan.

MAJOR. Du bist ja ein Hauptkerl, Fritz!

Fünfte Szene

Suschen rasch von links. Die Vorigen. Alle sind aufgestanden.

SUSCHEN. Papa! Papa!

BÜRGERMEISTER *küßt sie.* Grüß' dich Gott, Suschen. So, mein Kind. Wo hast du Adolf gelassen?

SUSCHEN. Er muß arbeiten und kommt später.

BÜRGERMEISTER. Schön. Da wollen wir einen vergnügten Abend verleben. *Wendet sich wieder zu Schweigel und Stelzer.* Wie gesagt, meine Herren, nur meine Pflicht.

SCHWEIGEL. Na, na, Herr Bürgermoasta! Dös war schon mehr. Und wenn's aa nix g'holfen hat, dös vergessen mir Eahna net.

STELZER. Wir können mit Stolz darauf zurückblicken.

Der Bürgermeister geht mit Schweigel und Stelzer etwas nach rückwärts gegen die Gartentüre zu. Er unterhält sich lebhaft mit ihnen, und man sieht immer wieder, daß Schweigel dem Bürgermeister kräftig die Hand schüttelt. Die Frau Bürgermeister, der Major, Suschen kommen mehr nach vorne.

SUSCHEN. Mama, was wollen die Herren?

FRAU BÜRGERMEISTER. Ach Kind, dein Papa!

SUSCHEN *ängstlich.* Was ist denn?

FRAU BÜRGERMEISTER. Er hat wirklich einen schrecklichen Auftritt gehabt.

SUSCHEN. Beim Minister?

MAJOR. Ja, furchtbar! *Suschen blickt bestürzt auf die Mutter. Aus dem Hintergrunde hört man Schweigel sehr laut sagen: Ein Manneswort! Ein deutsches Manneswort!*

SUSCHEN. Wenn ihm nur nichts geschieht, Mama!

FRAU BÜRGERMEISTER. Hoffen wir das Beste. Sei nicht zu ängstlich, Suschen! Wir dürfen den Kopf nicht verlieren. Komm, hilf mir abdecken! *Sie gehen zum Tische und räumen das Kaffeegeschirr ab.*

FRAU BÜRGERMEISTER. Das wird noch alles recht werden. Er ist ja sonst gut angeschrieben.

SUSCHEN. Glaubst du wirklich?

FRAU BÜRGERMEISTER. Gewiß. Und laß nur auch den Adolf nichts merken! Da kommen noch ein paar Herren! Rasch, Suschen! *Frau Bürgermeister und Suschen mit dem Kaffeegeschirr links ab. Der Major folgt ihnen. Vom Garten herein treten Redakteur Heitzinger, Schlosser Gruber und Schreiner Kiermayer.*

Sechste Szene

Der Bürgermeister. Schweigel. Stelzer. Heitzinger. Gruber. Kiermayer. Der Major.

HEITZINGER. Guten Tag zu wünschen, Herr Bürgermeister!

KIERMAYER. Grüaß Gott beinand!

BÜRGERMEISTER. Grüß Gott, meine Herren!

HEITZINGER. Wir haben vernommen, daß der Herr Bürgermeister zurück sind, und bei der Aufregung in der Stadt möchten wir um Bescheid bitten.

KIERMAYER. Ma möcht sozusag'n sei G'wißheit hamm! Net wahr?

BÜRGERMEISTER. Leider, meine Herren, leider ist meine Nachricht keine günstige.

SCHWEIGEL. Nix is, Kiermayer! Abg'fahren san ma.

KIERMAYER. Also is so weit, daß mir zuaschaug'n müassen, wia die städtischen Interessen hintangesetzt wern.

GRUBER. Und die Dornsteiner G'schäftswelt.

HEITZINGER. Das ist die Behandlung des Mittelstandes.

BÜRGERMEISTER. Ja, es ist eine böse Sache, meine Herren.

GRUBER. San de Ziagelstoa vom Herrn Baron mehra wert als wia de ganz Stadt?

KIERMAYER. Gibt's da gar koane Mittel und Weg mehr?

HEITZINGER. Sollte die Presse nichts vermögen, Herr Bürgermeister?

BÜRGERMEISTER. Das ist alles umsonst.

SCHWEIGEL. Mir müassen no recht brav sein, sonst kriag'n ma überhaupts gar koa Bahn.

GRUBER *laut.* Oho!

KIERMAYER. Dös woll'n ma sehg'n.

SCHWEIGEL. Da brauchst net warten; dös is uns schnurg'rad g'sagt wor'n. Geln S', Herr Bürgermoasta?

BÜRGERMEISTER. Allerdings.

KIERMAYER. Jetzt muaß i scho dumm frag'n: San denn mir gar nix? Mir san do gewissermaßen Bürger und zahlen, wia ma so zu sagen pflegt, unsere Steuern und Abgaben.

SCHWEIGEL. Und net z'weni!

KIERMAYER. Und net z'weni, ganz richtig! Is denn da gar koa Mensch net vorhanden, der wo sie rührt und sagt amal alles, was wahr is? Und schon glei a so, daß ma's überall vasteht! Herrschaftseiten überanand! Jetzt wurd i scho glei zorni aa!

HEITZINGER. Ich werde einen fulminanten Artikel schreiben.

SCHWEIGEL. Ah was! Mit dein Artikel, da kost dahoam bleiben!

KIERMAYER. Dös hätt si mündli g'hört, und auf der Stell!

SCHWEIGEL. Is scho g'schehg'n! Da brauchst di net kümmern. Und wia!

KIERMAYER. Wos? Vo wem?

SCHWEIGEL. Unsa Herr Bürgermoasta! Ha ha! Freunderl, der hat's eahm g'sagt!

KIERMAYER. Is wahr.

SCHWEIGEL. No, mei Liaba! Der hat si hi'g'stellt für uns! Der hat uns vertreten!

BÜRGERMEISTER. Sie dürfen überzeugt sein, daß nichts versäumt wurde.

KIERMAYER *lärmend*. Respekt, sag i, Respekt!

SCHWEIGEL. De Herren wissen jetzt, wo der Bartel an Most holt. Und daß mir aa no wer san!

KIERMAYER. Entschuldigen S', Herr Bürgermoasta, dös hab i ja net wissen könna!

GRUBER. Hat nacha des Reden was g'holfen?

BÜRGERMEISTER. Sie wissen, meine Herren, wenn sich die Regierung einmal ihre Meinung gebildet hat!

STELZER. Leider! Leider!

BÜRGERMEISTER. Wir dürfen uns keinen Hoffnungen hingeben.

GRUBER. Dös valernt ma scho heutzutag.

HEITZINGER. Bei der Untergrabung des Mittelstandes!

KIERMAYER. Aba wart's nur, Manndeln, wenn die Wahlen kemma! Da zoag'n ma's eahna, bei die Wahlen!

BÜRGERMEISTER. Wie gesagt, wenn es Ihnen eine Beruhigung ist, die wahre Meinung der hiesigen Bürgerschaft kennt das Ministerium jetzt.

STELZER. Und in dieser Beziehung schulden wir Ihnen den größten Dank.

KIERMAYER UND GRUBER *unisono.* Des tean mir aber aa!

SCHWEIGEL. Gott sei Dank, daß 's no Leut gibt, de 's Herz auf'n recht'n Fleck hamm!

GRUBER. Und a Schneid!

KIERMAYER. Mir lassen aa net aus. Und bal die Regierung, i sag' net mehra; Sie vastengan mi scho, Herr Bürgermoasta! Bal die Regierung!

HEITZINGER. Herr Bürgermeister, darf ich Sie um den genauen Wortlaut der Unterredung bitten?

BÜRGERMEISTER. Wozu?

HEITZINGER. Ich muß einen Leitartikel bringen. Einen gepfefferten.

BÜRGERMEISTER. Das ist nicht notwendig, Herr Heitzinger. Wirklich nicht. *Er geht mit Heitzinger nach rückwärts.*

HEITZINGER. Sie verkennen die Bedeutung der Presse, Herr Bürgermeister.

BÜRGERMEISTER. Durchaus nicht, aber ich bin kein Freund von den Geschichten. *Sie entfernen sich gegen die Gartentüre zu. Heitzinger spricht lebhaft auf den Bürgermeister ein.*

SCHWEIGEL. Der Heitzinger is eine Wanzen.

KIERMAYER. Du, was hat denn der Bürgermoasta g'sagt?

SCHWEIGEL. Ah, Freunderl, der hat's eahna g'muckt!

GRUBER. Geh!

SCHWEIGEL. Mir lassen uns nix g'fallen, hat er g'sagt, mir Dornstoana, von koan Minister. Mir wollen unser Recht, geht's, wia's mog, sagt er.

KIERMAYER. Ah Herrschaft!

SCHWEIGEL. Ja, und koan Zwang leiden mir durchaus gar net. Mir san freie Bürger, hat er g'sagt.

KIERMAYER *sich auf die Schenkel patschend.* Freie Bürger!

SCHWEIGEL. Und der muaß erscht no auf d' Welt kemma, der uns schikanieren derf, hat er g'sagt.

KIERMAYER UND GRUBER *reiben sich vor Vergnügen die Hände.* Haha! Herrschaftseiten! Haha!

SCHWEIGEL. Und so is weiterganga, in dera Tonart. I sag enk, des muaß an ganzen Auflauf geben hamm.

STELZER. Es war eine mutvolle Tat.

KIERMAYER *brüllt.* Respekt, sag i nomal! So is recht!

STELZER. Die Stadt sollte eigentlich ihrem Dankgefühl Ausdruck verleihen.

SCHWEIGEL. Scho deswegen, daß de drobern sehg'n, daß mir zum Bürgermoasta halten.

KIERMAYER. Und daß sie si grean und blau ärgern.

GRUBER. De müassen z'springa vor lauter Gift.

KIERMAYER. Mir müassen was arranschieren.

SCHWEIGEL. Dös verlangt der Anstand; er hat si aa für uns ei'g'legt.

STELZER. Wenn mir die Herren erlauben, werde ich die Sache gleich in die Hand nehmen.

SCHWEIGEL. Dös tuast.

KIERMAYER. Da müassen mir uns aba tummeln! *Zum Bürger-meister, der mit Heitzinger wieder nach vorne kommt.* I geh jetzt; es is nimmer z' fruah.

GRUBER. I geh mit. Pfüat Gott, Herr Bürgermoasta!

STELZER. Ich habe die Ehre, mich zu empfehlen.

HEITZINGER. Ich muß auch noch in meine Offizin.

BÜRGERMEISTER. Dann adieu, meine Herren! Und nicht wahr, Herr Heitzinger, der Artikel unterbleibt bis auf weiteres?

KIERMAYER. Was ist, Schweigel? Kimmst net mit?

SCHWEIGEL. Na, i bleib no a bissel, wenn's der Herr Bürgermoa-sta erlaubt.

BÜRGERMEISTER. Ist mir ein Vergnügen, Herr Schweigel.

SCHWEIGEL. Nacha pfüat enk, und, Stelzer, gel du b'sorgst alles!

STELZER. Auf der Stelle.

Kiermayer, Stelzer, Gruber, Heitzinger gehen zur Gartentüre hinaus. Kiermayer bleibt unter der Türe plötzlich stehen, kehrt um, geht gravitätisch auf den Bürgermeister zu und gibt ihm die Hand.

KIERMAYER. Herr Bürgermoasta, ich hab koa Rednergab, aba Sie verstengan mi schon. I sag net mehra, wie dös: bal die Re-gierung!

BÜRGERMEISTER. Besten Dank, Herr Kiermayer. Ich weiß ja.

KIERMAYER. Bal die Regierung! *Geht langsam ab.*

Siebente Szene

Der Bürgermeister. Schweigel.

SCHWEIGEL *Der Bürgermeister steckt die Hände in die Hosenta-schen und geht auf und ab. Schweigel setzt sich im Laufe des Gespräches auf den rechts vorne stehenden Rohrsessel. Es tritt allmählich Dämmerung ein.* I mag net hoam geh'. Die Fragerei is mir so z'wider. Sie wissen ja, wie die Frauen san ...

BÜRGERMEISTER. Bleiben Sie hier! Wir trinken ein Glas Bier zusammen, wenn es Ihnen recht ist.

SCHWEIGEL. Warum nit? *Der Bürgermeister klingelt.* Wissen S', Herr Bürgermoasta, i ko's meiner Alten aa net verdenken. Jetzt hamm ma den Garten Gott woaß wie lang, mir hamm selber so a bissel mit g'arbet, hamm unser Freud dro g'habt – und jetzt müassen mir zuaschaug'n, daß'n de Eisenbahn in der Mitt' ausanandaschneid't.

BÜRGERMEISTER. Ja, ja! *Seufzt.* Und was haben wir für Hoffnungen auf diese Bahn gesetzt!

Das Dienstmädchen tritt von links ein.

BÜRGERMEISTER. Marie, holen Sie zwei Glas Bier!

MARIE. Ja, gnä Herr! *Ab.*

SCHWEIGEL. I saget no nix, wenn ma sehet, daß die Abtretung notwendig is zu'n allgemeinen Besten. Aber wenn ma woaß, daß de ganze Stadt no dazu an Schaden davo hat, und daß's grad zum Trotz g'schieht – da vageht oam da Glauben.

BÜRGERMEISTER. Ja, wirklich.

SCHWEIGEL. Es is scho merkwürdig, heutzutag.

BÜRGERMEISTER. Sie können sich denken, wie mir dabei zumut ist.

Kleine Pause. Marie kommt von links mit Bier. Sie stellt die zwei Gläser auf den Gartentisch rechts.

SCHWEIGEL. No, stoßen ma'r amal o! 's Wohlsei, Herr Bürgermoasta!

BÜRGERMEISTER. Prosit, Herr Schweigel! *Stoßen an und trinken.*

SCHWEIGEL. Warum s' grad mit uns a so umgengan?

BÜRGERMEISTER. Das haben wir nicht verdient.

SCHWEIGEL. I geh am Sonntag in mei Kirchen, i wähl anständig, i bi Veteran und Feuerwehrhauptmo, i bi überhaupt, wia ma sagt, a loyaler Bürger.

BÜRGERMEISTER. Das muß jeder zugeben.

SCHWEIGEL. Scheint aber net, oder vielleicht gilt dös nix mehr heutzutag.

BÜRGERMEISTER. Das wäre schlimm für den Staat, Herr Schweigel.

SCHWEIGEL. Allerdings. Also Prost, Herr Bürgermoasta!

BÜRGERMEISTER. Prosit! *Stoßen an und trinken.*

SCHWEIGEL. Guate Bürger braucht der Staat. Ja! Und bal oana so viel Steuern zahl als wia'r i, nacha nimmt ma'r eahm sein Garten.

BÜRGERMEISTER. Nimmt ihm den Garten.

Der Major tritt von links ein.

Achte Szene

Die Vorigen. Major.

SCHWEIGEL. Dös is net klug und weise, dös is net diplomatisch. Auf de Weis ziagt ma Sozialdemokraten her.

BÜRGERMEISTER. Hoffentlich nicht! Hoffentlich nicht!

SCHWEIGEL. Was denn? De, wo nix hamm, san's a so scho; jetzt brauchan bloß no de Sozialdemokraten wer'n, de wo was hamm; nacha werd's bald gar sei. Hab i recht, Herr Major?

MAJOR. Vollständig. Sie wollen also jetzt zur äußersten Linken übertreten, Herr Schweigel?

SCHWEIGEL. No, ma hat ja no sei Religion im Leib! Aba ma soll oan aa net zu stark reizen.

BÜRGERMEISTER. Es wird eben darauf gesündigt, daß der kernige Bürgerstand sich nicht vom rechten Weg abbringen läßt.

MAJOR. Der kernige Bürgerstand ist bloß selber schuld, wenn man ihm auf die Zehen tritt.

BÜRGERMEISTER. Erlaub du mir!

MAJOR. Jawohl. Jeder Stand wird so behandelt, wie er sich's gefallen läßt.

BÜRGERMEISTER. Wir lassen uns nichts gefallen, wir schweigen nur manchmal der staatlichen Ordnung zulieb.

MAJOR. Und aus sonstigen Gründen.

BÜRGERMEISTER. Wir wollen nicht mit der Regierung auf dem Kriegsfuß leben.

MAJOR. Ist ja nicht notwendig, aber die Bürger sollen sich wenigstens Respekt verschaffen.

BÜRGERMEISTER. Den Respekt verweigert man uns nicht.

SCHWEIGEL. Da taten mir aa no a Wörtl mit reden.

MAJOR. Ich kann nicht finden, daß der Bürgerstand mit besonderer Hochachtung behandelt wird.

BÜRGERMEISTER. Die Eisenbahnen sind nun einmal staatlich, und ...

MAJOR. Es handelt sich nicht bloß um eure Bahn, und nicht bloß um euch Dornsteiner. Die Nichtachtung sieht man überall und bei jeder Gelegenheit.

SCHWEIGEL. Dös waar g'spaßi!

MAJOR. Man sieht auch recht gut, wo es bei den Bürgern fehlt.

BÜRGERMEISTER. Wo fehlt es?

MAJOR. An der richtigen Festigkeit.

SCHWEIGEL. Entschuldigen S', Herr Major, wenn i da aa'r a bissel mitred. Aba i moan, Sie gengan da entschieden zu weit.

MAJOR. Nein, nein, Herr Schweigel.

SCHWEIGEL. Wo steht denn dös, daß mir koa Festigkeit net hamm? Da müaßten mir aa was wissen.

Während der Szene ist es Nacht geworden. Schöne Mondnacht.

MAJOR. Das zeigt sich überall.

BÜRGERMEISTER. Zum Beispiel?

MAJOR. Ihr nehmt tausend Rücksichten, auch da, wo ihr gar nichts davon habt. Ihr schimpft über Vorurteile und beugt euch davor. Ihr macht Opposition und schmeißt wieder um.

SCHWEIGEL. Ah! Ah! Sie san guat!

MAJOR. Man nimmt euch nicht ernst. Das müßt ihr doch selber sehen.

BÜRGERMEISTER. Du übertreibst aber wirklich, Karl.

SCHWEIGEL. Wia Sie so reden könna, Herr Major, wo Eahna Bruader ein solches Beispiel geben hat!

MAJOR. Ja so!

SCHWEIGEL. I glaab, daß dös a Festigkeit is, wenn ma si traut und an Minister a so z'sammpackt.

Neunte Szene

Die Frau Bürgermeister von links mit einer Gartenlampe. Die Vorigen.

FRAU BÜRGERMEISTER. Die Herren sitzen ja im Dunkeln.

SCHWEIGEL. I hab gar net g'merkt, daß's scho so spat is. Dös kummt vom Politisier'n.

FRAU BÜRGERMEISTER. Sie bleiben noch ein bißchen?

SCHWEIGEL. Na, na! I muaß jetzt hoam. Mei Alte woaß gar net, wo i bi.

FRAU BÜRGERMEISTER. Wir schicken unser Mädchen hinunter. Ein Glas Bier müssen Sie noch trinken.

SCHWEIGEL. No, vo mir aus. Aba wenn i nachgib, sagt der Herr Major wieder, daß mir Bürger koa Festigkeit hamm.

MAJOR. An der Festigkeit habe ich nie gezweifelt.

Zehnte Szene

Beringer und Suschen von links. Die Vorigen.

BÜRGERMEISTER. Grüß Gott, Adolf! Ich hab' dich noch gar nicht gesehen.

BERINGER. Grüß Gott! Nun, wie ist es gegangen?

BÜRGERMEISTER. Ich habe nichts ausgerichtet.

BERINGER. Das war vorauszusehen.

BÜRGERMEISTER. Reden wir nicht mehr davon! Wir wollen heute recht vergnügt sein.

Das Dienstmädchen bringt Bier und stellt es auf den Tisch links.

BÜRGERMEISTER. So. Platz nehmen. *Alle setzen sich.*

BERINGER. War der Minister gut gelaunt?

BÜRGERMEISTER *verlegen.* O ja! Gott!

SCHWEIGEL. Am Anfang vielleicht scho!

BERINGER. Wieso, am Anfang?

Schweigel lacht. Der Bürgermeister schneuzt sich verlegen.

BÜRGERMEISTER. Er war wie immer. Du weißt ja. Aber lassen wir das gut sein. Prosit! *Gegenseitiges Zutrinken.*

SCHWEIGEL. Herr Bürgermoasta, Sie san a Volksheld!

BERINGER. Lauter Anspielungen. Warum erzählst du nichts?

BÜRGERMEISTER. Es ist nichts zu erzählen, Adolf. Ich habe meine Pflicht getan, weiter nichts.

SCHWEIGEL. Sie san zu bescheiden, Herr Bürgermoasta!

BÜRGERMEISTER. Absolut nicht. Suschen, willst du nicht Klavier spielen?

SUSCHEN. Gerne. Was willst du hören?

BÜRGERMEISTER. Irgendwas. Das ist mir gleich.

SCHWEIGEL. Nur nix klassisch'. Dös is so fad!

SUSCHEN. Ich hole was Lustiges, Herr Schweigel. *Ab nach links.*

SCHWEIGEL. I muaß sag'n, Frau Bürgermoasta, Eahne Fräul'n Tochta g'fallt mir allaweil besser. So was Liabs!

FRAU BÜRGERMEISTER. Sie macht uns viel Freude.

BÜRGERMEISTER. Jawohl.

SCHWEIGEL. Und jetzt kriagt s' bald an braven Mo. Eahna Wohl, Herr Amtsrichter!

BERINGER *steif.* Sehr angenehm.

FRAU BÜRGERMEISTER. Wie geht es Ihrer Tochter im jungen Ehestand, Herr Schweigel?

SCHWEIGEL. I dank der Nachfrag. Guat! No, schlecht kann's ihr aa net geh.

FRAU BÜRGERMEISTER. Ihr Schwiegersohn hat ein großes Anwesen?

SCHWEIGEL. Ja. Und sie hat ja aa was Schön's mitkriagt. De Leuteln tean sie ganz leicht.

FRAU BÜRGERMEISTER. Ihre Frau sagte mir neulich, es sei schon was Kleines auf dem Wege?

SCHWEIGEL. Freili! Jetzt wer'n ma bald Großvata. No, bei Eahna schlagt's aa no ei, Herr Bürgermoasta.

BÜRGERMEISTER. Stoßen wir darauf an!

Alle stoßen an. Beringer zurückhaltend. Suschen von links mit Notenblättern unter dem Arme.

SCHWEIGEL. Haha! Fräul'n Suschen, wenn S' wisseten, auf was mir jetzt trunken hamm!

SUSCHEN. Darf man das nicht hören?

BÜRGERMEISTER. Das muß dir Adolf erzählen.

SCHWEIGEL. Recht hoamli.

Lachen. Man hört in der Ferne Musik einen Marsch spielen.

MAJOR *zu Schweigel.* Prost!

SCHWEIGEL. Prost, Herr Major! I woaß net, i bin heut so lusti, trotz mei'n Garten. I glaab, dös kummt daher, weil i mi heut so über'n Herrn Bürgermoasta g'freut hab'.

BERINGER. Eine solche Geheimniskrämerei! Was ist denn passiert?

SCHWEIGEL. Dös will i Eahna scho sag'n, Herr Amtsrichter. Sehg'n S', Sie san was, Sie san a Beamter. Aba Sie derfen stolz sei, daß Sie an solchen Schwiegervater kriag'n.

Die Musik intoniert bedeutend näher wieder einen Marsch.

MAJOR. Was ist das für eine Musik?

FRAU BÜRGERMEISTER. Ich habe schon vorhin was gehört.

Das Zimmermädchen stürzt atemlos durch die Gartentüre herein.

MARIE. Herr Bürgermeister! Herr Bürgermeister! Die Liedertafel kommt!

BÜRGERMEISTER. Wo? Zu wem?

MARIE. Zu uns. Sie wollen ein Ständchen bringen.

SUSCHEN. Dem Papa?

FRAU BÜRGERMEISTER. Fritz!

BÜRGERMEISTER. Nur geschwind meinen Gehrock! Marie!

Suschen und Marie eilig nach links ab. Gleich darauf kommen sie wieder mit dem Gehrock herein. Die Musik ist nun im Garten angelangt. Brausender Marsch. Lampionträger marschieren auf und bilden einen Kreis um die Liedertafelsänger. Währenddessen ist die Unterhaltung im Verandazimmer weiter gegangen.

BERINGER. Ich begreife das alles nicht.

SCHWEIGEL. Seh'gn S', Herr Amtsrichter. So ehrt die Stadt Eahnan Schwiegervater!

BÜRGERMEISTER. Schnell! Schnell! Meinen Rock! *Suschen und Marie helfen ihm hinein.*

FRAU BÜRGERMEISTER. Ach Gott, Fritz? Wenn ich mich nur recht freuen könnte!

Gruppe im Zimmer. Die Frau Bürgermeister lehnt sich an ihren Mann. Suschen legt die Hand auf die Schulter ihres Verlobten. Alle stehen. Die Musik schweigt plötzlich, und ein Quartett singt die erste Strophe des Liedes:

> Wer hat dich, du schöner Wald,
> Aufgebaut so hoch da droben?

Nach Beendigung der Strophe tritt Stelzer unter die Gartentüre und spricht halb gegen die Zuschauer, halb gegen den Garten zugewendet.

STELZER. Unser mutiger Vorkämpfer, der allverehrte Herr Bürgermeister soll leben hoch! Hoch! Hoch!

Die Leute im Garten stimmen brausend in den Hochruf ein. Die Musik spielt einen Tusch. Kiermayer, Stelzer, Heitzinger betreten das Zimmer. Der Bürgermeister geht auf sie zu.

BÜRGERMEISTER. Aber, meine Herren! Diese Ehre! *Schüttelt jedem die Hand, dann tritt er unter die Gartentüre und spricht halb zu den Zuschauern gewendet.*

BÜRGERMEISTER. Mitbürger! Dornsteiner! Sie haben mir eine Ehrung bereitet, die mich auf das Tiefste ergreift. Ich spreche Ihnen meinen Dank aus. Meinen innigsten Dank. Ich kann nicht mehr sagen, als daß ich allezeit für mein liebes Dornstein meine schwachen Kräfte einsetzen will, jetzt und allezeit. In guten und bösen Tagen. Mit Gut und Blut! Und in diesem Sinne stimmen Sie mit mir ein: unser Dornstein, hoch! Hoch! Hoch!

*Die Leute im Garten, sowie Kiermayer, Heitzinger, Schweigel,
Stelzer rufen mit. Die Musik spielt wieder einen Tusch. Die
Liedertafel intoniert sofort den Sängerspruch:*

Schneidige Wehr,
Blanke Ehr,
Lied zum Geleit,
Gib Gott allezeit!

Während des Singens fällt der Vorhang.

Zweiter Akt

Erste Szene

Gartenzimmer wie im ersten Akte. Schöner Sommermorgen. Der Bürgermeister sitzt links vorne auf einem Stuhle, eine Barbierserviette um den Hals, das Gesicht eingeseift. Neben ihm steht der Bader Hartl, welcher das Rasiermesser schärft. Rechts sitzt die Bürgermeisterin in einem Rohrsessel und strickt.

HARTL *das Messer streichend.* Ein sehr schöner Tag heute.

BÜRGERMEISTER *durch die Seife etwas am Sprechen gehindert.* Tja.

HARTL *rasiert.* Das Wetter hält. Wir haben Ostwind.

BÜRGERMEISTER *näselnd.* Das Barometer steht gut.

HARTL. Und wie haben Herr Bürgermeister geruht heute nacht?

BÜRGERMEISTER. Gut. Ganz gut.

HARTL. Solche Aufregungen verursachen gewöhnlich Schlaflosigkeit.

BÜRGERMEISTER. Ich bin etwas spät eingeschlafen.

HARTL. Das ist begreiflich nach dieser eklatanten Ehrung. *Ist mit der einen Gesichtshälfte fertig, streicht wieder das Messer.*

HARTL. Dornstein hat sich förmlich selbst überboten. *Rasiert.*

BÜRGERMEISTER *näselnd.* Tja.

HARTL. Die Beleuchtung war großartig. Und der Gesang. Sehr gelungen.

BÜRGERMEISTER *mit etwas freierer Stimme.* Es war eine große Aufmerksamkeit.

HARTL. Verdientermaßen, Herr Bürgermeister.

FRAU BÜRGERMEISTER. Was sagt man denn so in der Stadt?

HARTL *immer rasierend.* Die Leute? Es herrscht eine gehobene Stimmung. *Kleine Pause.*

HARTL *fortfahrend*. Natürlich gibt es ja auch mißgünstige Menschen.

FRAU BÜRGERMEISTER. Sie haben etwas gehört?

HARTL *zögernd*. Hm – ja. Wenn man ein offenes Geschäft hat.

FRAU BÜRGERMEISTER. Wen meinen Sie?

BÜRGERMEISTER. Sie wissen, daß es unter uns bleibt.

HARTL. Den Schneider Wilberger.

BÜRGERMEISTER. Ach der! Den kennt man schon.

HARTL. Er hat sozusagen demonstriert.

BÜRGERMEISTER. So?

HARTL. Er hat nicht mitgesungen bei dem Ständchen.

BÜRGERMEISTER. Dann ist er halt weggeblieben.

Hartl ist mit dem Rasieren fertig und schüttet Wasser in seine Baderschüssel.

HARTL. Der ganze Vorstand hat ihm zugeredet. Aber es war nichts zu machen, weil Herr Bürgermeister schon zwei Jahre keinen Anzug mehr bei ihm bestellt haben.

BÜRGERMEISTER. Aha!

HARTL *das Gesicht des Bürgermeisters abwaschend*. Er hat gesagt: Braucht der Bürgermeister meinen Anzug nicht, nachher braucht er meine Stimme auch nicht.

FRAU BÜRGERMEISTER. Es zwingt ihn ja niemand.

HARTL. Man muß die Leute gehen lassen. *Trocknet den Bürgermeister ab. Fortfahrend*. Vielleicht hat er sich im Pfarrhof einschmeicheln wollen.

BÜRGERMEISTER. War es dem Hochwürdigen nicht recht?

Hartl packt während des Folgenden langsam seine Gerätschaften ein.

HARTL. Die Huldigung soll etwas verschnupft haben. Aber natürlich, ich bin nicht so eingeweiht.

BÜRGERMEISTER *aufstehend*. Der Pfarrer ärgert sich, weil er nicht derjenige war.

FRAU BÜRGERMEISTER. Das kann man auch nicht behaupten.

HARTL. Der Herr Pfarrer war schon in aller Früh unterwegs. Und dann hat mir der Mesner solche Anspielungen gemacht.

FRAU BÜRGERMEISTER. Auf das Ständchen?

HARTL. Tja. Er hat sich nicht so frei ausgesprochen, aber ...

BÜRGERMEISTER. Von mir aus kann der Pfarrer sagen, was er will. Man kennt die Gründe.

HARTL. Es gibt immer eine gewisse Opposition. Und der Neid. Ja, ich wünsche guten Morgen, Herr Bürgermeister. Recht guten Morgen, Frau Bürgermeister!

FRAU BÜRGERMEISTER. Guten Morgen!

BÜRGERMEISTER. Adieu, Hartl. Und morgen um acht Uhr.

HARTL. Gewiß, jawohl. *Ab durch die Gartentür.*

Zweite Szene

Bürgermeister. Seine Frau.

FRAU BÜRGERMEISTER. Du solltest nicht so reden über den Herrn Pfarrer, wenn der Hartl dabei ist.

BÜRGERMEISTER. Ach was!

FRAU BÜRGERMEISTER. Der geht schnurstracks hin und erzählt es wieder.

BÜRGERMEISTER. Das soll er tun; meinetwegen.

FRAU BÜRGERMEISTER. Du glaubst nie, wie die Leute sind; er kann dir sehr schaden.

BÜRGERMEISTER. Sei doch nicht gar so ängstlich. Man meint schon, ich wäre von jedem abhängig.

FRAU BÜRGERMEISTER *seufzt.*

BÜRGERMEISTER *stellt sich unter die Gartentür, blickt hinaus, die Hände auf dem Rücken. Er brummt vor sich hin.* Wer hat dich, du schöner Wald – Tra...la...la! – Du schöner Wald!

FRAU BÜRGERMEISTER. Du, Fritz!

BÜRGERMEISTER *sich umwendend.* Ja?

FRAU BÜRGERMEISTER. Ist es wahr, daß du Abgeordneter werden willst?

BÜRGERMEISTER. Wer hat jetzt das wieder gesagt?

FRAU BÜRGERMEISTER. Die Frieda war vorhin da.

BÜRGERMEISTER. So? Na freilich! Die muß es wissen! Was hat sie denn da gesucht?

FRAU BÜRGERMEISTER. Sie hat dir gratulieren wollen.

BÜRGERMEISTER. Und dich ausfratscheln. *Er summt wieder.* Aufgebaut so hoch da droben? Schön war's doch! Der ganze Garten war voll Leuten.

FRAU BÜRGERMEISTER. Ich wollte, es war' nicht gewesen!

BÜRGERMEISTER. Jetzt sei so gut und verdirb mir die Freude! *Kleine Pause.*

FRAU BÜRGERMEISTER. Du hast dich doch sonst nicht in die Politik eingemischt! Fang nicht auf deine alten Tage noch damit an!

BÜRGERMEISTER. Papperlapapp! Fällt mir ja nicht ein!

Unter der Gartentür erscheint Suschen mit einem Strauß frischer Rosen in der Hand.

Dritte Szene

Die Vorigen. Suschen.

BÜRGERMEISTER. Na, Suschen, ist Adolf nicht vorbei gekommen?

SUSCHEN. Nein.

BÜRGERMEISTER. Das seh' ich. Sonst wären die Rosen fort.

SUSCHEN. Ich habe eine Viertelstunde am Zaun gewartet.

FRAU BÜRGERMEISTER. Er hat jetzt viel Arbeit.

BÜRGERMEISTER. Weil der Oberamtsrichter in Urlaub ist.

SUSCHEN. Das hat er mir gestern gesagt.

FRAU BÜRGERMEISTER. Vielleicht kommt er auch noch.

SUSCHEN. Jetzt nicht mehr. Es ist schon neun Uhr vorbei.

FRAU BÜRGERMEISTER. So spät? Da muß ich aber das Fleisch zusetzen.

SUSCHEN. Bleib nur, Mama. Ich gehe in die Küche.

FRAU BÜRGERMEISTER. Dann gib acht, daß Marie die Bohnen gut schneidet.

BÜRGERMEISTER *indem er Suschen auf die Wange tätschelt.* Und versalz' uns die Suppe nicht gar zu stark, gelt?

SUSCHEN. Nur ein bißchen. *Geht langsam nach links ab und nimmt die Rosen mit, welche sie vorher auf den Tisch gelegt hatte. Sie bleibt plötzlich stehen und wendet sich um.* Glaubt ihr, daß Adolf böse ist!

FRAU BÜRGERMEISTER. Geh, was denkst du?

BÜRGERMEISTER. Habt ihr euch denn gezankt?

SUSCHEN. Nein. Er war nur so sonderbar, gestern abend.

BÜRGERMEISTER. Das meinst du bloß.

SUSCHEN. Ich weiß nicht; er hat fast nichts gesprochen und hat mir kaum gute Nacht gewunscht.

FRAU BÜRGERMEISTER. Die Männer sind launisch; daran gewöhnt man sich.

SUSCHEN *munter.* Vielleicht hat er wieder einen Fall studiert; da hört und sieht er nicht. *Ab.*

Vierte Szene

Der Bürgermeister. Frau Bürgermeister.

FRAU BÜRGERMEISTER. Ich bin selber unruhig, daß Adolf wegbleibt. Ich möchte es Suschen bloß nicht merken lassen.

BÜRGERMEISTER. Herrjeh! Seid Ihr Frauenzimmer immer voller Angst.

FRAU BÜRGERMEISTER. Weil er gerade heute nicht kommt. Sonst dächte ich nichts dabei.

BÜRGERMEISTER. Heute ist ein Tag, jeder andere.

FRAU BÜRGERMEISTER. Du weißt, was gestern war.

BÜRGERMEISTER. Kommst du schon wieder mit der Geschichte? Ist denn das so was Gräßliches, wenn mir die Liedertafel ein Ständchen bringt?

FRAU BÜRGERMEISTER. Aber der Anlaß!

BÜRGERMEISTER *etwas unruhig.* Der Anlaß! Mit deinem Anlaß! Hast du ein einziges unrechtes Wort gehört, gestern?

FRAU BÜRGERMEISTER. Nein.

BÜRGERMEISTER. Was willst du denn? Es war eine kleine Festlichkeit; ganz harmlos.

FRAU BÜRGERMEISTER. Man hat dich gefeiert, weil du so schroff aufgetreten bist.

BÜRGERMEISTER. Nanu! Und wenn? Wer kümmert sich darum? Wer soll sich um die Dornsteiner Liedertafel kümmern? Das sag mir einmal!

FRAU BÜRGERMEISTER. Auf jeden Fall kommt es in die Zeitungen.

BÜRGERMEISTER *etwas unruhiger.* Ah! Was denkst du denn? Übermorgen spricht kein Mensch mehr davon.

FRAU BÜRGERMEISTER. Das glaubst du selber nicht. Heute abend weiß es der Minister schon. So gewiß wie etwas.

BÜRGERMEISTER *lacht gezwungen.* Von wem? Von wem soll der Minister das wissen?

FRAU BÜRGERMEISTER. Da finden sich genug gute Freunde.

BÜRGERMEISTER. Ei du lieber Gott! Ist das eine Ängstlichkeit! Da hätte ich schon lieber auf die Ovation verzichtet.

FRAU BÜRGERMEISTER. Ich auch.

BÜRGERMEISTER. Die Freude daran hast du mir gründlich verdorben.

FRAU BÜRGERMEISTER *im Abgehen nach links.* Ich rede dir nichts ein, Fritz. Aber das mit der Politik sollst du bleiben lassen. *Ab.*

> Der Bürgermeister räuspert sich und sieht einige Zeit
> gedankenvoll vor sich hin. Er nimmt eine Zeitung zur Hand,
> legt sie gleich wieder weg und seufzt.

Fünfte Szene

> *Dr. Beringer. Der Bürgermeister. Amtsrichter Beringer tritt
> durch die Gartentür ein. Der Bürgermeister kehrt ihm den
> Rücken zu.*

BERINGER *gemessen.* Guten Morgen!

BÜRGERMEISTER *sich rasch umwendend, freudig.* Ach, da bist du ja! Na also! Das war eine Aufregung den ganzen Morgen, weil du nicht da warst!

BERINGER *steif.* Hast du einen Augenblick Zeit für mich?

BÜRGERMEISTER. So eine Frage! Aber warte, ich will erst in der Küche Lärm schlagen. *Will nach links ab.*

BERINGER *hält ihn zurück.* Ich möchte mit dir allein reden.

BÜRGERMEISTER *sieht ihn etwas verblüfft an.* Auch recht. *Gemütlich.* Aber weißt du, Suschen muß ich doch holen. Sie hat dich schon am Gartenzaun erwartet. *Will wieder ab.*

BERINGER. Nein; bitte, bleib!

BÜRGERMEISTER. Wie du willst. Aber setz dich doch, und gib mal den Hut her!

BERINGER *setzt sich, behält aber den Hut in der Hand.* Ich danke.

BÜRGERMEISTER *jovial.* Junge, wenn dich vielleicht was drückt, du weißt ...

BERINGER *brüsk.* Sag' mir offen, was war das gestern mit der Ovation?

BÜRGERMEISTER *unbehaglich.* Die Ovation? Gestern?

BERINGER. Ja.

BÜRGERMEISTER. Was damit war? Gott!

BERINGER. Du bist gestern immer meinen Fragen ausgewichen?

BÜRGERMEISTER. Ich?

BERINGER. Ja. Ich wollte wissen, wie die Audienz ausfiel. Aber ... *Zuckt die Achseln.*

BÜRGERMEISTER. Ich habe keinen Grund, dir etwas zu verschweigen.

BERINGER. Warum hast du mir dann nichts erzählt?

BÜRGERMEISTER. Weil ... weil es wirklich nicht der Mühe wert war.

BERINGER. So? Es genügte aber doch, um dir eine Ovation zu bereiten?

BÜRGERMEISTER *mit erkünstelter Lustigkeit.* Ha! Ha! Diese Juristen! Das klingt ja wie eine Untersuchung!

BERINGER. Mir ist die Sache absolut nicht spaßhaft.

BÜRGERMEISTER *patscht Beringer jovial auf das Knie.* Lieber Junge, sage mir: was willst du eigentlich wissen?

BERINGER *gereizt.* Laß mich das nicht immer wiederholen, bitte! Ich will wissen, welche Tatsache dieses sonderbare Ständchen veranlaßte?

BÜRGERMEISTER *verlegen.* Du lieber Gott! Die Bürgerschaft findet eben, daß ich in der leidigen Bahngeschichte ihre Interessen gewahrt habe.

BERINGER. Du bist aber abgewiesen worden?

BÜRGERMEISTER. Allerdings, ich ...

BERINGER. Also! Für einen Mißerfolg wird man doch nicht gefeiert! Was ist denn das für eine Logik!

BÜRGERMEISTER. Die Leute wollten mir halt zeigen, daß sie mir keine Schuld beimessen.

BERINGER. Das drückt man gewöhnlich anders aus.

BÜRGERMEISTER *immer unruhiger, wischt sich die Stirne.* Es kam mir selbst durchaus unerwartet. Ich war gerade so überrascht wie du.

BERINGER. Was sollten dann die landläufigen Phrasen bedeuten? Von Mut und Vorkämpfer?

BÜRGERMEISTER. Das sind so Sprüche, wie man sie eben macht! Übrigens war es gewiß gut gemeint. Ja ... du, jetzt muß ich aber wirklich Suschen holen, sonst ... *Will links ab.*

BERINGER *hält ihn wieder am Arm zurück.* Du weichst mir also konstant aus?

BÜRGERMEISTER. Wie kommst du nur auf die Idee? Zwischen uns zwei gibt es doch keine Geheimnisse!

BERINGER *steht auf.* Ich kann dir nur sagen, diesen Mangel an Vertrauen finde ich sonderbar, sehr sonderbar.

BÜRGERMEISTER *schiebt seinen Arm unter den des Amtsrichters und geht mit ihm etwas nach vorne. In vertraulichem Ton.* Komm her, Adolf, und laß mich einmal reden! Nicht wahr?

BERINGER. Ich habe dich ja darum ersucht.

BÜRGERMEISTER. Eben. Siehst du, du bist jetzt Amtsrichter ...

BERINGER *klopft ungeduldig mit dem Fuße auf den Boden.*

BÜRGERMEISTER *fortfahrend.* Und du wirst später einmal Vorstand von einem Gericht. Nicht wahr?

BERINGER. Was soll das?

BÜRGERMEISTER. Siehst du, wenn du Vorstand bist, dann macht man dich für alles verantwortlich. Einfach für alles. Wenn ein

Schreiber was Dummes macht, fragt man nicht den Schreiber, warum er was Dummes macht, sondern man fragt dich, warum du einen Schreiber hast, der was Dummes macht. Verstehst du mich?

BERINGER. Nein. Absolut nicht.

BÜRGERMEISTER. Aber es ist doch so einfach! Ich bin auch Vorstand und muß für alles herhalten, ob ich etwas dafür kann oder nicht.

BERINGER. Bist du jetzt fertig?

BÜRGERMEISTER *fährt sich mit dem Taschentuch über die Stirne.* Gott sei Dank, ja. Nur das will ich noch sagen, Adolf, wenn du einmal älter bist, wirst du sehen, daß die Verantwortlichkeit nichts Leichtes ist. Und jetzt haben wir uns hoffentlich verstanden? Nicht wahr?

BERINGER *setzt seinen Hut auf.* Vollkommen … Ich verstehe, daß du mir keine Aufklärung geben willst, und …

BÜRGERMEISTER. Aber …

BERINGER. Und daß ich sie von anderer Seite erhalten muß. *Rasch ab durch die Gartentüre.*

BÜRGERMEISTER *ihm nacheilend.* Du! hör doch! Junge.

Sechste Szene

Frau Bürgermeister rasch von links. Der Bürgermeister.

FRAU BÜRGERMEISTER. War nicht Adolf da?

BÜRGERMEISTER *gedrückt.* Gerade ist er fort.

FRAU BÜRGERMEISTER. Und war nicht bei Suschen? Fritz!

BÜRGERMEISTER. Was?

FRAU BÜRGERMEISTER. Ihr habt euch gestritten? Wegen gestern?

BÜRGERMEISTER. Gestritten nicht; er hat nur gefragt …

FRAU BÜRGERMEISTER *fängt zu weinen an*. Ich hab' es ja ge-wußt!

BÜRGERMEISTER *fährt sich erregt durch die Haare*. Nein, so was! Mama, geh! *Legt ihr die Hand auf die Schulter*.

Von links tritt Frieda Pilgermaier auf. Altmodische Kleidung. Hut mit auffallendem Blumenarrangement. Sie trägt einen kleinen Marktkorb. Lebhafte Gesten. Schreiende Stimme.

Siebente Szene

Frieda Pilgermaier. Der Bürgermeister. Die Frau Bürgermeister.

FRIEDA. Da komm i ja grad recht zum Gratulier'n.

Frau Bürgermeister wendet sich schnell ab und trocknet ihre Tränen.

BÜRGERMEISTER *mürrisch*. Guten Tag!

FRIEDA. Ich war schon amal da, heunt. In aller Früh.

BÜRGERMEISTER. Was willst du denn?

FRIEDA. Gratulier'n halt! Zu der Ehrung. Das is ja großartig g'wesen!

BÜRGERMEISTER. Mhm. Ja.

FRAU BÜRGERMEISTER. Wir danken dir schön, Frieda.

FRIEDA. Das versteht si do von selber, daß die Familie an so was teilnimmt. No, ihr seid's ja auch recht vergnügt, wie ich seh.

BÜRGERMEISTER. Es geht.

FRIEDA. Es laßt sich denken. Wenn ma scho bei Lebzeiten an Fackelzug kriegt! Das passiert ja die wenigsten als a toter!

FRAU BÜRGERMEISTER. Warst du da?

FRIEDA. Freili! Mit mein Mann. Hinter'm Garten sin' mir g'standen.

FRAU BÜRGERMEISTER. Warum bist du nicht zu uns herein?

FRIEDA. Mei Mann hat g'meint, mir passen net in die vornehme G'sellschaft. Und nacha weiß ma ja net, ob ma net stört.

BÜRGERMEISTER. Immer die Redensarten.

FRAU BÜRGERMEISTER. Du kommst doch sonst auch?

FRIEDA. Das scho, aba mei Mann is halt so. Er sagt, die klein Verwandten sieht ma net gern. De kann ma höchstens brauchen, daß s' ei'm mit da Leich geh'n.

FRAU BÜRGERMEISTER. Geh, hör auf!

FRIEDA. A bissel was is schon dran. Übrigens habt's ihr's scho g'hört vom Schneider Wilberger?

BÜRGERMEISTER. Ja. Da bist du leider zu spät gekommen.

FRIEDA. Und vom Hochwürden an Herrn Pfarrer?

BÜRGERMEISTER. Auch schon. Du hast Pech heute.

FRIEDA. Der muaß si g'äußert hamm. Jessas, Mariand Josef!

FRAU BÜRGERMEISTER. Mach es nur nicht so arg!

FRIEDA. So? Ja, wenn d'as du besser weißt!

FRAU BÜRGERMEISTER. Wir haben nicht die Beziehungen.

FRIEDA. I weiß halt, was mir d' Köchin erzählt hat. Und des g'langt überall hin!

FRAU BÜRGERMEISTER. Dann sag es halt!

BÜRGERMEISTER. Willst du die Geschichte vielleicht ratenweis absetzen? Damit der Genuß länger dauert?

FRIEDA. I hab euch bloß schonen wollen. Aber wenn's ihr wollt's! Also d' Köchin hat erzählt, so zorni hat si an Herrn Pfarrer überhaupt noch nie g'seh'n, und *Schreiend.* die ganze Ovation ist ein ewiger Schandfleck, hat er g'sagt, für die Stadt!

BÜRGERMEISTER *zornig.* Wenn nur er keiner ist!

FRAU BÜRGERMEISTER. Pst!

FRIEDA. Es ist überhaupt eine Auflehnung gegen den Staat und genau so schlecht wie jede andere Revolution.

BÜRGERMEISTER *laut.* Was?

FRIEDA. Ja, und die Dornsteiner, hat er g'sagt, entwickeln sich allaweil schöner unter ihrem lieben Bürgermeister. Jetzt werden s' gar noch Sozialdemokraten!

BÜRGERMEISTER *der immer erregter wird.* Eine solche Unverschämtheit!

FRIEDA. Die nächste Predigt, hat er g'sagt, geht über die Pflichten gegen die gottgesetzte Obrigkeit. Da will er, hat er g'sagt, den Dornsteinern ein Licht aufzünden. Und an Herrn Bürgermeister auch!

BÜRGERMEISTER *zornig auf und ab gehend.* Ich will ihm was predigen! Ich will ihm was geben! *Seine Frau geht neben ihm her.*

FRAU BÜRGERMEISTER. Mach es nicht noch ärger! Es ist schlimm genug.

BÜRGERMEISTER. Das lasse ich mir nicht gefallen!

FRIEDA. Und das vom Schlosser Gruber wißt's vielleicht auch noch net.

BÜRGERMEISTER *bleibt stehen.* Was ist mit dem Gruber?

FRIEDA. Der hat auch net mittan, weil er die Arbeiten fürs Rentamt hat und mit der Regierung gut steh' muß.

BÜRGERMEISTER. Unsinn!

FRIEDA. Ja, Unsinn! Der Pedell von der Realschul soll bereits entlassen wor'n sei, weil er mitg'sungen hat.

BÜRGERMEISTER. Wer bringt denn die Dummheiten alle auf?

FRAU BÜRGERMEISTER. Wenn die eigenen Verwandten solche Geschichten herumtragen!

FRIEDA. Tut's nur net so beleidigt! I erzähl' ja bloß, was i hör'.

BÜRGERMEISTER. Und hilfst noch brav mit!

FRAU BÜRGERMEISTER. Es ist genug, wenn die fremden Leute jede Kleinigkeit aufbauschen.

FRIEDA. No, weißt, Anna, gar so a Kleinigkeit is das net, wenn der Minister gleich krank werd vor lauter Aufregung und sein Abschied nehmen muß.

BÜRGERMEISTER. Wer ist krank geworden?

FRIEDA. Der Minister. *Der Bürgermeister lacht gezwungen.* Ja, das is schon wahr! Da brauchst net lachen!

BÜRGERMEISTER *wütend.* Herrgott! Seid ihr alle miteinander verrückt?

FRIEDA. Da müßt i scho bitten. Und überhaupts … *Der Major tritt rasch von links ein; er hält eine Zeitung in die Höhe.*

Achte Szene

Die Vorigen. Der Major.

MAJOR *ruft.* Das Neueste! Das Neueste!

BÜRGERMEISTER. Steht was im Wochenblatt?

MAJOR. Und wie!

BÜRGERMEISTER *nervös.* Gib her!

MAJOR. Nur Zeit lassen! Das muß ich vorlesen. Da schau her! Fett gedruckt: »Ein deutscher Mann!« Das bist du!

BÜRGERMEISTER. Der Kerl hat mir versprochen, daß er nichts schreibt.

MAJOR. Sei nicht undankbar! Er streicht dich fein heraus. Also paß auf: *Liest vor.* »Seit Brutus, jenem bekannten Tyrannenhasser des weströmischen Reiches ist vielleicht niemand mehr mit so viel Recht gefeiert worden, wie gestern unser allverehrter Bürgermeister.«

FRAU BÜRGERMEISTER. Man kommt nicht aus der Unruhe.

MAJOR *fährt fort.* »Galt es doch, ihm den Dank abzustatten für seinen echten Mannesmut, welchen man heute so selten antrifft. Galt es doch ihn zu ehren, weil er den hochmütigen Stolz des Ministers mit donnernden Worten beugte …«

BÜRGERMEISTER. So ein Esel! So ein hirnverbrannter Esel!

MAJOR *fortfahrend.* »... und die zarten Ohren dieses Herrn rücksichtslos beleidigte.«

FRAU BÜRGERMEISTER. Um Gottes willen!

FRIEDA *zur Bürgermeisterin.* Du hast as ja net glauben wollen!

BÜRGERMEISTER *zum Major.* Gib den Wisch her!

MAJOR. Gleich. Aber da am Schluß kommt noch ein Satz. *Liest.* »Welche Gefühle mögen den Minister beseelt haben, als Friedrich Rehbein vor ihm stand und ihn erbarmungslos vernichtete?« *Mit erhobener Stimme.* »Wahrlich, wir möchten nicht mit dieser Exzellenz tauschen!«

BÜRGERMEISTER *wütend.* Das ist zu viel! Das ist zu viel!

FRAU BÜRGERMEISTER. Jetzt versteh ich alles.

BÜRGERMEISTER. Wie habe ich diesen Menschen gebeten, daß er nichts schreibt!

FRAU BÜRGERMEISTER. Hättest du ihm nichts gesagt!

BÜRGERMEISTER. Wer denkt an so was? Aber die Zeitung darf nicht herauskommen!

MAJOR. Die ist schon heraus.

BÜRGERMEISTER. Ich gehe in die Druckerei.

MAJOR. Nur kalt! Was willst du denn dort?

BÜRGERMEISTER. Es muß was geschehen. Ich verklage den Kerl.

MAJOR. Dich hat er doch nicht beleidigt!

BÜRGERMEISTER. Der Mensch ruiniert mich ja! Er macht mich unmöglich!

MAJOR. Oho! Nur nicht gar so aufgeregt!

FRIEDA. Für euern Amtsrichter muß das aber peinlich sein!

FRAU BÜRGERMEISTER *sehr aufgeregt.* Wenn ich nur wüßte ... Fritz! ... Geh doch schnell!

FRIEDA. Mei Mann hat gleich g'sagt, der Amtsrichter wird schau'n, no dazu mit sein Beamtengiggel!

BÜRGERMEISTER *grob.* Dein Mann soll sich um seine Sachen kümmern!

FRIEDA. So? Is das vielleicht der Dank, wenn ma Mitleid hat?

BÜRGERMEISTER. Ich pfeif' auf dein Mitleid.

FRAU BÜRGERMEISTER *zieht Frieda beschwichtigend fort. Zu Frieda.* Komm mit in die Küche. Und du Fritz, eil dich! Gelt?

BÜRGERMEISTER. Gleich! Gleich! Wo ist denn mein Hut? Marie!

FRAU BÜRGERMEISTER. Ich schick' sie schnell.

FRIEDA. Reden werd ma na wohl no derfen, wenn's die hohen Verwandten erlauben. *Frau Bürgermeister und Frieda links ab.*

Neunte Szene

Der Bürgermeister. Der Major.

BÜRGERMEISTER. Du mußt mich begleiten, Karl.

MAJOR. Schön. Aber ich seh wirklich nicht ein, was du bezwecken willst.

BÜRGERMEISTER. Ich weiß selber nicht. Aber es muß was geschehen. Den Versuch muß ich machen.

Marie von links mit Hut und Stock.

BÜRGERMEISTER. Schnell, Marie! So! *Setzt den Hut auf, nimmt den Stock.*

Marie ab. BÜRGERMEISTER. Also, Karl; gehen wir! *Er geht mit dem Major zur Gartentüre. Unter derselben erscheint Amtsrichter Beringer.*

Zehnte Szene

Der Bürgermeister. Der Major. Beringer.

BÜRGERMEISTER. Du, Adolf?

BERINGER. Ich möchte dich allein sprechen.

MAJOR *sehr formell.* Ich will nicht stören. *Lüftet leicht den Hut und geht an Beringer vorbei in den Garten.*

Elfte Szene

Der Bürgermeister. Beringer. Beringer zieht das Dornsteiner Wochenblatt aus der Tasche.

BERINGER. Ich bin jetzt über die gestrige Ovation aufgeklärt.

BÜRGERMEISTER. Der Artikel? Gerade will ich in die Redaktion.

BERINGER *klopft mit dem Handrücken auf die Zeitung.* Ist das alles pure Erfindung?

BÜRGERMEISTER. Nein, das heißt ...

BERINGER. Der Artikelschreiber weiß jedenfalls, warum er vor deinem Hause gesungen hat.

BÜRGERMEISTER. Das ist doch alles bodenlos dumm und übertrieben!

BERINGER. Die Ausschmückung, gewiß. Aber der Kern der Sache bleibt der nämliche.

BÜRGERMEISTER. Ich versichere dir, daß Heitzinger mir versprochen hat, nichts zu schreiben.

BERINGER. Das ist doch der deutliche Beweis, daß du etwas zu verheimlichen hattest.

BÜRGERMEISTER. Nein. Paß mal auf.

BERINGER. Bitte, wenn du mich hören willst. Ich werde sehr kurz sein. Du weißt, daß ich jeden Tag die Beförderung erwarte? *Der Bürgermeister nickt zustimmend.* Und daß ich begründete Aussicht habe, als Staatsanwalt in das Justizministerium zu kommen?

BÜRGERMEISTER. Gewiß weiß ich das.

BERINGER. Ich habe nie Protektion gehabt; mir ist es nicht leicht gemacht worden. Von Anfang an nicht.

BÜRGERMEISTER. Du hast dir's sauer verdient.

BERINGER. Ich habe darum gearbeitet. Viele Jahre, und jetzt stünde ich vor dem Ziele. Endlich!

BÜRGERMEISTER. Jetzt hast du's auch in der Tasche.

BERINGER *heftig.* Nein, es ist alles in Frage gestellt. Im letzten Moment.

BÜRGERMEISTER. Wieso denn, Adolf?

BERINGER. Es wird bestimmt nichts daraus. Es ist so viel wie sicher, wenn … wenn …

BÜRGERMEISTER. Aber …

BERINGER. Du weißt recht gut, daß man alles mögliche in Betracht zieht. Daß wir auch nicht so ohne weiteres heiraten können. Man informiert sich ja sehr genau.

BÜRGERMEISTER. Ja … was? … Was? …

BERINGER. Ich verscherze alles. Mit einem Schlage. Und ich kann das nicht. So leid es mir tut, ich kann nicht. Ich darf mich nicht kompromittieren.

BÜRGERMEISTER *sehr bestürzt.* Was willst du damit sagen?

BERINGER. Daß ich von der Verlobung zurücktreten muß; so schmerzlich mir das ist!

Der Bürgermeister sieht Beringer kurze Zeit schweigend an; dann geht er rasch auf ihn los und ergreift seine rechte Hand.

BÜRGERMEISTER. Junge! Das war nicht dein Ernst.

BERINGER. Es liegt mir sehr ferne, jetzt zu scherzen.

BÜRGERMEISTER. Du willst doch nicht wirklich …?

BERINGER. Ich muß. *Wendet sich zum Gehen.*

BÜRGERMEISTER. Aber das ist ja alles Unsinn! Du! Hör doch! Junge! Das ist ja Unsinn!

BERINGER. Mache es mir nicht noch schwerer! Ich kann nicht anders. *Er geht zur Gartentüre. Von links stürzt Suschen herein und umarmt ihn stürmisch.*

Zwölfte Szene

Der Bürgermeister. Beringer. Suschen.

SUSCHEN. Ich hab' doch deine Stimme gehört. Du! Gelt, du bist nicht böse?

Beringer macht sich sanft, aber bestimmt aus der Umarmung frei.

BERINGER. Suschen … ich … ich … Papa wird dir alles sagen. *Geht bis zur Gartentüre.*
SUSCHEN *bestürzt.* Adolf!
BERINGER *wendet sich auf den Schrei um.* Ich … darf nicht.

Dreizehnte Szene

Der Bürgermeister. Suschen.

SUSCHEN *geht auf ihren Vater zu, der bestürzt in der Mitte des Zimmers steht.* Papa, will mich Adolf nicht mehr?
BÜRGERMEISTER *stockend.* Es … es sieht so aus, Suschen.
SUSCHEN *legt heftig weinend den Kopf an seine Brust, schluchzend.* Aber – warum – denn?
BÜRGERMEISTER. Ich glaube beinahe, ich … ich habe dich durch meine Dummheit unglücklich gemacht, Suschen.
SUSCHEN *heftiger schluchzend.* Nein – – du nicht – – du guter Papa! Er – – hat mich – – wohl nie wirklich lieb gehabt.
BÜRGERMEISTER *streichelt ihr den Kopf.* Nicht weinen, Kindchen! Nicht so weinen!

Vierzehnte Szene

Von links Frau Bürgermeister, Frieda, der Major. Die Vorigen.

FRIEDA *laut.* Gel, ich hab's g'sagt! Da habt's as jetzt!

FRAU BÜRGERMEISTER *sehr bestürzt zu ihrem Mann.* Was ist mit Suschen?

SUSCHEN. Es ist alles aus, Mama.

FRAU BÜRGERMEISTER *ebenfalls weinend.* Aber – Kind!

FRIEDA. Wer hat jetzt recht g'habt?

MAJOR *zu Frieda.* Das ist die Hauptsache, daß Sie recht haben.

FRAU BÜRGERMEISTER. Aber was war denn, Fritz?

BÜRGERMEISTER. Er sagte, daß ich ihn kompromittiere.

FRAU BÜRGERMEISTER. Schau nach, Suschen! Geschwind! Vielleicht wartet er draußen.

SUSCHEN. Nein, Mama. Ich habe recht gut gemerkt, daß es vorbei ist.

FRAU BÜRGERMEISTER *fühlt Suschen an die Stirne.* Was hast du für einen heißen Kopf!

SUSCHEN. Laß mich. *Rasch nach links ab.*

FRAU BÜRGERMEISTER. Das ist ja ein Unglück.

FRIEDA. Und die Schand!

BÜRGERMEISTER. Ich kann es noch nicht glauben. Mir ist so, als wenn es nicht wahr sein kann.

FRIEDA. Ja, der Beamtengiggel!

FRAU BÜRGERMEISTER. Vielleicht hat er nur so im Zorn geredet. Er ist kein böser Mensch.

BÜRGERMEISTER. Er war nicht zornig, Mama. Ganz ruhig und überlegt.

FRAU BÜRGERMEISTER *wieder in Weinen ausbrechend.* Das arme, arme Ding! Muß so gestraft werden!

MAJOR. Geh, Schwägerin! Nimm's nicht so schwer. Es hätte was Schlimmeres passieren können.

FRIEDA. Da sieht ma wieder an Jungg'sellen. *Ahmt den Major nach.* »Es hätte was Schlimmeres passieren können.« Als wenn's noch was Ärgeres geben könnt'.

MAJOR. O ja, verehrte Frau Pilgermaier!

FRIEDA. Weil des kei Schand net is, wenn ma scho den größten Staat g'macht hat mit'n Herrn Schwiegersohn, und auf oamal is nix mehr!

FRAU BÜRGERMEISTER. Ich darf nicht daran denken. *Schluchzt.* Vorgestern habe ich noch mit Suschen beim Kaufmann Kissenüberzüge angesehen.

BÜRGERMEISTER. Es muß noch recht werden.

MAJOR. Und die Kissen kaufen wir schon noch für einen andern Mann.

FRIEDA. Weil ma so schnell wieder ein' find't.

MAJOR *zu Frieda.* Sie haben wirklich was Trostreiches an sich.

FRIEDA. Is ja wahr! I kann mi ärgern, wenn ma so daher red't.

BÜRGERMEISTER. Ich mache mir solche Vorwürfe, Mama!

FRAU BÜRGERMEISTER. Ich habe schon eine Ahnung gehabt, wie du fortgefahren bist.

BÜRGERMEISTER. Und wegen nichts! Rein wegen nichts!

FRIEDA. I geh jetzt. Soll i mi net z'erst nach'm Suschen umschau'n?

FRAU BÜRGERMEISTER. Nein.

FRIEDA. Ich hätt s' vielleicht trösten können, daß s' doch net gar so fassungslos is.

FRAU BÜRGERMEISTER. Laß sie jetzt allein.

FRIEDA. Wie d' meinst. Also adieu! Und nehmt's as halt als eine Fügung Gottes! *Links ab; unter der Türe dreht sie sich nochmals um.* I schick euch später mein Mann her. Nein, das wird eine Schwätzerei geben in dem Dornstein! *Ab.*

MAJOR. Das glaube ich auch.

FRAU BÜRGERMEISTER. Ich will zum Suschen hinauf.

BÜRGERMEISTER. Ja. Rede ihr zu! *Frau Bürgermeister langsam nach links ab; sie trocknet sich mit dem Taschentuche die Augen.*

Fünfzehnte Szene

Der Bürgermeister. Der Major. Der Bürgermeister sieht seiner Frau nach und seufzt tief auf.

BÜRGERMEISTER. Gestern so vergnügt, und heute! Das Unglück kommt über Nacht.

MAJOR. Jetzt, weißt, wenn deine Frau jammert, sage ich nichts. Aber dir steht das schlecht an.

BÜRGERMEISTER. Mich trifft es vielleicht noch härter.

MAJOR. Sei froh, daß der Kerl weg ist!

BÜRGERMEISTER. Was?

MAJOR. Na, vielleicht nicht?

BÜRGERMEISTER. Droben weint sich das Mädel die Augen rot, und ich soll froh sein!

MAJOR. Suschen nimmt es nicht leicht. Das ist ganz in der Ordnung. Aber du sollst weiter sehen!

BÜRGERMEISTER. Gerade, weil ich weiter sehe. Weil ich an die Zukunft denke.

MAJOR. Ist es nicht besser, daß ihr ihn jetzt kennen gelernt habt? Vor der Hochzeit? Hinterher wär's zu spät gewesen.

BÜRGERMEISTER. Da hätte er wenigstens nicht mehr zurücktreten können.

MAJOR. Das wäre aber ein Glück gewesen!

BÜRGERMEISTER. Du weißt nicht alles, Karl, sonst würdest du anders reden.

MAJOR. Ich weiß, daß er ein kalter Tropf ist. Das langt.

BÜRGERMEISTER. Er hat ja nicht schön gehandelt, aber ...

MAJOR. Ach was, schön gehandelt! Das sind Sprüche. Er hat sich so benommen, wie's in seinem Charakter liegt. Kein Mensch kann aus seiner Haut hinaus.

BÜRGERMEISTER. Suschen hat ihn gerne.

MAJOR. Was versteht so ein Mädel? Sie wären doch nie glücklich geworden!

BÜRGERMEISTER. Das kann man nicht sagen.

MAJOR. Wie hat er sich denn gestellt, als Bräutigam? Der lederne, langweilige Kerl!

BÜRGERMEISTER. Das ist kein Beweis, daß er nicht ein guter Mann geworden wär.

MAJOR. Den Beweis hast du jetzt. Wenn du noch einen gebraucht hast.

BÜRGERMEISTER. Und es ist doch ein Unglück. Ich mache mir die schwersten Vorwürfe.

MAJOR. Das ist eben keine Vernunft.

BÜRGERMEISTER. Wenn du alles so wüßtest wie ich.

MAJOR. Ach was!

BÜRGERMEISTER. Nein, Karl! Schau, wenn es was Ernstliches gegeben hätte, das wäre ja auch traurig, aber … es wäre einmal nicht zu ändern. Aber so! Es ist zum Haar ausraufen!

MAJOR. Der Grund ist doch wirklich Nebensache.

BÜRGERMEISTER. Wenn aber gar keiner da ist!

MAJOR. Dann siehst du erst recht, daß ihr ihm nichts wert seid.

BÜRGERMEISTER. Du kannst mich nicht verstehen. Komm, setz dich einmal her. *Die beiden setzen sich rechts einander gegenüber.*

BÜRGERMEISTER. Karl, die heftige Szene mit dem Minister – weißt du – an der Szene ist kein wahres Wort.

MAJOR *etwas erstaunt.* Kein wahres Wort?

BÜRGERMEISTER. Nein. Nicht die Spur davon. Die ganze Audienz hat zwei Minuten gedauert. Ich habe nicht mehr gesagt, als Grüß Gott und Adieu.

MAJOR. Na, hör mal! Daß du übertrieben hast, dachte ich mir. Aber daß du die ganze Geschichte aus der Luft greifst, *Lacht.* das hätte ich dir eigentlich nicht zugetraut.

BÜRGERMEISTER. Ich wollte es auch nicht.

MAJOR. Wer hat dich denn gezwungen?

BÜRGERMEISTER. Wie es halt geht. Ich war ja tatsächlich wütend auf den Minister.

MAJOR. Mhm!

BÜRGERMEISTER. Und … während der Fahrt in die Residenz habe ich mir ausgemalt, was ich ihm sagen werde.

MAJOR. In der Eisenbahn?

BÜRGERMEISTER. In der Eisenbahn, ja. Und im Vorzimmer. Im Vorzimmer auch noch. Und dann – – siehst du, Karl, ich kann furchtbar grob sein, rück-sichts-los, wenn jemand gegen mich grob ist. Aber wenn jemand höflich ist, da … da bring ich's eben nicht fertig.

MAJOR. Und der Minister war höflich?

BÜRGERMEISTER. Und wie! Er gab mir gleich die Hand. »Mein lieber Bürgermeister, es tut mir ja unendlich leid, aber es geht unmöglich anders.« Was hätte ich da sagen sollen? Wie hätte ich da brutal sein können?

MAJOR. Man hat dir Honig ums Maul geschmiert. Kenn' ich.

BÜRGERMEISTER. Ich habe überhaupt nichts gesprochen; ich wurde hinauskomplimentiert. Wie ich dann wieder in der Eisenbahn saß, habe ich mir vorgestellt, was ich eigentlich hätte sagen sollen.

MAJOR. Warum hast du dann hier geflunkert?

BÜRGERMEISTER. Du lieber Gott! Wie ich ankomme, steht schon der Schweigel da und der Stelzer. Brennend vor lauter

Neugier. Aus jedem Haus schauen die Leute und grüßen. Daheim seid ihr und fragt mich aus. Überall ist die größte Erwartung. Da konnte ich doch nicht sagen, daß gar nichts gewesen ist.

MAJOR. Was willst du jetzt tun?

BÜRGERMEISTER. Wenn ich das wüßte! Ich kann doch nicht erklären, daß ich gelogen habe!

MAJOR. Das würde sich nicht gut ausnehmen.

BÜRGERMEISTER. Noch dazu, wo die Ovation war!

MAJOR. Jetzt mußt du schon dabei bleiben.

BÜRGERMEISTER. Nicht bloß wegen mir. Ich kann doch die Bürgerschaft nicht bloßstellen.

MAJOR. Es wäre eine verdammte Blamage.

BÜRGERMEISTER. Nein, es geht nicht. Es wäre undankbar, wo die Leute alle zu mir gestanden sind.

MAJOR. Dann bleib jetzt wenigstens fest.

BÜRGERMEISTER. Ich muß. Und weißt du, Karl, es tröstet mich auch etwas, daß die Bürgerschaft wie ein Mann zu mir hielt.

Schweigel tritt rasch durch die Gartentüre ein. Er ist sehr erhitzt und wischt sich den Schweiß von der Stirne.

Sechzehnte Szene

Die Vorigen. Schweigel. Der Bürgermeister und der Major sind aufgesprungen.

SCHWEIGEL. Saxen! Saxen! Herrschaftssaxen!

MAJOR. Was ist denn los?

SCHWEIGEL. Ah was! Beim Stelzer drunten steht das ganze Gemeindekollegium beinander und steckt d' Köpf z'samm.

BÜRGERMEISTER. Warum?

SCHWEIGEL. Ja, wissen S', Herr Bürgermoasta, die Leut hamm Angst, ob Sie's Maul net do a bissel gar z'weit aufg'rissen hamm!

Vorhang.

Dritter Akt

Gartenzimmer wie in den zwei vorhergehenden Akten.

Erste Szene

Der Bürgermeister. Frau Bürgermeister. Der Major. Sie sitzen beim Kaffee. Der Major liest in der Zeitung. Der Bürgermeister hat sich auf seinem Sessel zurückgelehnt und ist in sehr gedrückter Stimmung.

FRAU BÜRGERMEISTER *zum Bürgermeister.* So trink doch deinen Kaffee.

BÜRGERMEISTER. Ich mag keinen.

FRAU BÜRGERMEISTER. Du mußt etwas zu dir nehmen.

BÜRGERMEISTER. Nein, danke. Wirklich nicht.

Frau Bürgermeister seufzt. Kleine Pause. Von links tritt Marie ein mit dem Brotkörbchen.

BÜRGERMEISTER. Wo ist denn Suschen?

FRAU BÜRGERMEISTER. Wahrscheinlich oben. *Zu Marie.* Haben Sie ihr nicht zum Kaffee gerufen?

MARIE. Ich habe geklopft. Aber Fräulein Suschen sagte, sie hätte Kopfweh.

Der Bürgermeister seufzt.

MARIE. Ich glaube, Fräulein Suschen hat geweint, wie ich an der Türe war. *Kleine Pause.*

FRAU BÜRGERMEISTER. Hat sie gar nicht aufgemacht?

MARIE. Nein.

Frau Bürgermeister seufzt.

FRAU BÜRGERMEISTER. Da, Marie, bringen Sie ihr schwarzen Kaffee, und – warten Sie – ein bißchen Honig, und eine Semmel. So! Und sagen Sie ihr, ich komme dann gleich hinauf.

MARIE. Ja, gnä' Frau. *Nimmt von der Frau Bürgermeister das Tablett mit Kaffee usw., links ab.*

FRAU BÜRGERMEISTER. Das Kind wird uns noch krank.

BÜRGERMEISTER *seufzt wieder.*

FRAU BÜRGERMEISTER. Und wer ist schuld?

BÜRGERMEISTER. Willst du mich auch quälen?

FRAU BÜRGERMEISTER. Es ist doch wahr.

BÜRGERMEISTER. Freilich ist es wahr. *Steht hastig auf und geht auf und ab.* Alle hacken auf mich los. Mach es nur wie die anderen! Du hast ganz recht.

FRAU BÜRGERMEISTER. Du hast dir alles selbst getan.

BÜRGERMEISTER. Dreiundzwanzig Jahre sind wir verheiratet, und nie hat es einen Streit gegeben.

MAJOR *der bisher hinter seiner Zeitung geraucht hat.* Ja, ja! Politik verdirbt den Charakter.

BÜRGERMEISTER *bleibt stehen.* Du hast leicht spotten. Wärst du an meiner Stelle, dann verging dir der Spaß. *Er setzt sich nieder.* Was über mich alles gekommen ist. An einem Tag!

FRAU BÜRGERMEISTER. Jetzt trink einmal deinen Kaffee, Fritz!

BÜRGERMEISTER. Mir schmeckt nichts. *Steht auf und geht nach links ab.*

Zweite Szene

Frau Bürgermeister. Der Major. Die Frau Bürgermeister setzt ihre Tasse zum Trinken an, stellt sie aber heftig nieder und schiebt sie mit energischer Bewegung in den Tisch hinein.

FRAU BÜRGERMEISTER. Da! Das soll jetzt so weiter gehen! Und ich muß zuschauen. Fällt mir gar nicht ein! Ich weiß, was ich tue. *Sie räumt das Geschirr zusammen, wobei sie Tassen und Teller heftig auf das Servierbrett stellt, mit den Löffeln klirrt usw. Der Major liest anscheinend eifrig in der Zeitung.*

FRAU BÜRGERMEISTER. Ja, die Männer! Das kann nicht nachgeben. Nur recht starrköpfig, daß um Gottes willen keine Perle aus der Krone fällt! *Sie wirft die Zuckerzange sehr heftig in die Blechdose und klappt diese laut zu.*

FRAU BÜRGERMEISTER. Nur recht rücksichtslos! Was liegt denn auch an der Familie. *Zum Major.* Du hörst mich wohl gar nicht?

MAJOR *über seine Zeitung weg.* Doch. Du bist sehr vernehmlich.

FRAU BÜRGERMEISTER. Aber es ist dir nicht der Mühe wert, was zu sagen?

MAJOR. Wozu? Du unterhältst dich ja ganz famos mit dem Kaffeegeschirr.

FRAU BÜRGERMEISTER. Und du machst dich über alles lustig. Das ist deine Kunst.

MAJOR. Sag mal, Schwägerin, soll ich jetzt die Vorwürfe kriegen, vor denen Fritz ausgerissen ist?

FRAU BÜRGERMEISTER. Die gehen schon dich selber an.

MAJOR. Das ist sehr aufmerksam von dir, aber was habe ich eigentlich mit der ganzen Geschichte zu tun?

FRAU BÜRGERMEISTER. Natürlich nichts. Nicht das mindeste! – Wer ist denn schuld, wie du?

MAJOR. Ich?

FRAU BÜRGERMEISTER. Ja, du!

MAJOR *legt die Zeitung weg.* Na, Gott sei Dank, daß ihr das herausgeknobelt habt!

FRAU BÜRGERMEISTER. Fritz hat bloß wegen dir so gelogen.

MAJOR. Hat er dir gebeichtet?

FRAU BÜRGERMEISTER. Er hat mir alles gesagt.

MAJOR. Und da habt ihr euch geeinigt, daß ich der Sündenbock bin?

FRAU BÜRGERMEISTER. Er traute sich nicht die Wahrheit zu sagen, weil er Angst hatte vor deinen Witzen.

MAJOR. Das ist eine Auslegung!

FRAU BÜRGERMEISTER. Er tut jetzt auch nicht, was er selber möchte. Aus lauter Respekt vor dir.

MAJOR. Jetzt, da schau her!

FRAU BÜRGERMEISTER. Jawohl. Er wäre gleich zu Adolf hin und hätte sich ausgesprochen mit ihm. Aber wenn ich ihm zurede, heißt es: »Es geht nicht! Ich kann nicht. Karl heißt mich den größten Waschlappen, wenn ich es tue!«

MAJOR. Wär's vielleicht schön, wenn er ihm nachläuft? *Er steht auf; beide gehen nach vorn.*

FRAU BÜRGERMEISTER. Nachlaufen! Wie sich das großartig anhört! Das wäre schon was!

MAJOR. Jedenfalls eine Blamage.

FRAU BÜRGERMEISTER. Und wenn! Für sein Kind kann man sich auch einmal blamieren.

MAJOR. Wenn es noch was hätte davon!

FRAU BÜRGERMEISTER. Ach so! Du hast ja Fritz förmlich dazu gratuliert, daß Suschen sitzen bleibt.

MAJOR. Dazu nicht. Aber, daß ihr den Herrn losgeworden seid.

FRAU BÜRGERMEISTER. Weißt du, da muß ich schon sagen wie meine Schwester: so ungeschickt kann bloß ein Junggesell daher reden. Was wißt ihr von den Sorgen, die man mit Kindern hat.

MAJOR. Du hast wohl die Sorge, daß Suschen glücklich wird?

FRAU BÜRGERMEISTER. Eben deshalb.

MAJOR. Ist denn Heiraten wirklich alles, Schwägerin?

FRAU BÜRGERMEISTER *resolut.* Ja. Oder wenigstens die Hauptsache. Wenn ein Mädel nur eine richtige Versorgung hat. Alles andere kommt von selber.

MAJOR. Oder auch nicht.

FRAU BÜRGERMEISTER. Das Glück hat niemand in der Hand. Wenn man seinem Kind nur die Möglichkeit dazu verschafft.

MAJOR. Und das war hier der Fall, meinst du?

FRAU BÜRGERMEISTER. Ganz gewiß.

Der Major zuckt mit den Achseln.

FRAU BÜRGERMEISTER. Was soll man denn verlangen? Er ist gesund, brav, hat eine sichere Stellung. Kann man sich eine bessere Partie denken? Lauter Prinzen gibt's halt nicht.

MAJOR. Und von der Neigung sagst du nichts? Sonst habt ihr sie immer im Mund.

FRAU BÜRGERMEISTER. Sie hat ihn gern. Und wie gern. Geh nur hinauf und schau, wie das arme Ding sich abgrämt!

MAJOR. Und er?

FRAU BÜRGERMEISTER. Er hat sie auch gut leiden können. Die heftige Zuneigung braucht es nicht.

MAJOR. So?

FRAU BÜRGERMEISTER. Nein. Das sagt jede vernünftige Frau. Die große Leidenschaft taugt gar nichts. Die hat keinen Bestand.

MAJOR. Die kleine scheint auch nicht herzuhalten.

FRAU BÜRGERMEISTER. Sie hält schon, wenn man erst verheiratet ist und sein anständiges Auskommen hat.

MAJOR. Ich wünsche deinem Suschen etwas Besseres als so einen Frosch.

FRAU BÜRGERMEISTER. Du warst immer gegen ihn.

MAJOR. Und hab' ich nicht recht gehabt? Beim ersten Schuß läßt er das Mädel im Stich.

FRAU BÜRGERMEISTER. Das wäre nie soweit gekommen, wenn Fritz nicht so bockbeinig gewesen wäre. Und heute ließe sich noch mit Adolf reden.

MAJOR. Du nimmst ihm das gar nicht übel?

FRAU BÜRGERMEISTER. Er ist am wenigsten schuld. Wenn das nicht gewesen wäre, hätte er nie daran gedacht, wegzugehen.

MAJOR. Aber, weil er Angst kriegte ...

FRAU BÜRGERMEISTER. Er ist ein Mensch, der was auf sich hält, und der vorwärts kommen will.

MAJOR. Und dem alles andere wurscht ist.

FRAU BÜRGERMEISTER. Gerade, weil er so vorsichtig ist, wird eine Frau bei ihm ihre sichere Existenz haben.

MAJOR. Übertriebene Ansprüche an den Charakter stellst du wirklich nicht.

FRAU BÜRGERMEISTER. Charakter! Er hat Charakter genug.

MAJOR. Ah?

FRAU BÜRGERMEISTER. Wer sich eine solche Stellung erringt, muß schon Charakter haben.

MAJOR. Warum streiten wir eigentlich, Schwägerin? Du hast ja deinen Entschluß schon gefaßt.

FRAU BÜRGERMEISTER. Das habe ich auch.

MAJOR. Du wirst dem Herrn Amtsrichter sagen, daß er seiner Karriere nicht schadet, wenn er wiederkommt.

FRAU BÜRGERMEISTER. Er soll wenigstens wissen, woran er ist. Wenn er trotzdem wegbleibt, in Gottes Namen! Aber die Dummheit verschweigen, das tue ich nicht.

MAJOR. Er wird euch verzeihen. Suschen ist ja ein hübsches Mädel, kriegt auch was mit, und bis er wieder eine findet, das kostet ihm Zeit und Mühe.

FRAU BÜRGERMEISTER. Es kann ja sein, daß ich mir was vergebe. Die Leute würden es vielleicht schöner finden, wenn wir jetzt recht großartig beleidigt wären. Ich verliere aber gerne meinen Stolz, wenn nur das Kind glücklich wird.

MAJOR *hält ihr die Hand hin, jovial.* Geh her! Du bist eine brave Haut.

FRAU BÜRGERMEISTER *schlägt ein.* Lach nur über mich!

MAJOR. Das tu' ich nicht. Ich habe gestern und heut viele Redensarten gehört; vielleicht selber ein paar gemacht. Am Ende ist das natürlicher, was du sagst. Auch wenn du nicht recht hast.

FRAU BÜRGERMEISTER. Du mußt mir etwas versprechen, Karl.

MAJOR. Und was?

FRAU BÜRGERMEISTER. Daß du Fritz nicht in seinem Hochmut bestärkst, wenn Adolf wirklich zurückkommt.

MAJOR *lacht.* Das werde ich bleiben lassen. Der tut doch, was er will.

FRAU BÜRGERMEISTER. Nein, du! Wirklich! du hast einen solchen Einfluß auf ihn. Und es ist dir doch nicht gleich, wenn wir in dem Kummer weiter leben?

MAJOR. Das kann mir schon nicht gleich sein. Ich habe den Schaden daran. Das ist ja scheußlich, wie ihr jetzt herumsitzt.

FRAU BÜRGERMEISTER. Also versprich mir das!

MAJOR. Gut! Ich werde Fritz nicht in seinem Hochmut bestärken.

FRAU BÜRGERMEISTER. Ich dank' dir; auch für Suschen.

Marie kommt von links.

FRAU BÜRGERMEISTER. Marie, räumen Sie ab, und wenn mein Mann fragt, sagen Sie ihm, daß ich fort bin und bald wieder komme.

MARIE. Ja, gnä' Frau. *Die Bürgermeisterin droht im Abgehen dem Major noch mit dem Zeigefinger; dann links ab.*

Dritte Szene

Der Major. Marie.

MAJOR *sucht in seinen Rocktaschen.* Marie, haben Sie meinen Tabakbeutel nicht gesehen?

MARIE. Da liegt er ja. Auf dem Tisch.

MAJOR. Ah richtig. *Der Major geht zum Tische und nimmt von Marie den Tabakbeutel in Empfang. Er stopft nachdenklich die Pfeife, wobei er mehrmals laut räuspert.*

MAJOR *brummend.* Mich soll der Teufel in der Luft beuteln, wenn ich nochmal meine Nase hineinstecke. *Geht langsam nach links ab.*

Vierte Szene

Zuerst Marie allein, welche den Tisch abräumt. Dann treten durch die Gartentüre Stelzer, Gruber, Kiermayer, Gschwendtner und Lindlacher ein. Alle tragen Gehröcke und altmodische Zylinder, die sie erst beim Eintreten des Bürgermeisters abnehmen.

STELZER. Ist Herr Bürgermeister zu Hause?

MARIE. Ja. Soll ich ihn holen?

STELZER. Wenn Sie so gut sein wollen und sagen, daß wir da sind.

MARIE. Gleich. *Ab nach links mit dem Kaffeegeschirr.*

KIERMAYER. Du muaßt's Wort führ'n, Stelzer. Als Vorstand vom Kollegium.

STELZER. In dieser Beziehung kann ich nicht umhin, wenn es mir auch unangenehm ist.

GRUBER. Mir hamm uns do nix z'fürchten.

KIERMAYER. Z'fürchten net; aba schö' is aa net. Heut so, morgen a so.

GRUBER. Ja no! –

GSCHWENDTNER. Wenn's amal das Interesse der Stadt erfordert!

STELZER. Wir konnten gestern die Sachlage nicht so beurteilen.

GRUBER. Und mir hamm eahm net o'g'schafft, daß er 's Maul so weit aufreißt.

KIERMAYER. Aba g'freut hat's uns.

LINDLACHER. Dös hamm mir net so überlegt.

STELZER. Wir können mit der Regierung nicht im Zwiespalt leben.

GRUBER. Was hamm mir denn von dera Streiterei? Wir möchten unser Ruah!

LINDLACHER UND GSCHWENDTNER *laut unisono.* Wir möchten unser Ruah!

STELZER. Wenn wir uns gegen die Behörden nicht mäßigen, is das ganze Bahnprojekt gefährdet.

KIERMAYER. Des ist ja richtig; des gib i zua.

GRUBER. Und koa Lateinschul kriag'n mir aa net. Seit zehn Jahr mach ma'r oa Eingab nach der andern, und jetzt waar alles umasunst.

STELZER. Wir dürfen unter keinen Umständen die Gunst der Regierung verscherzen.

GRUBER. Wenn ma was krieg'n will, muaß ma si aa was g'fallen lassen. Des is an alte G'schicht.

KIERMAYER. I bin ja selber net regierungsfeindli.

GRUBER. No also!

LINDLACHER. Im G'schäft hat ma'r an Verlust, und dahoam d' Vorwürf.

GSCHWENDTNER. Und wie waar's denn bei mir? Net? I bi Buachbinder und kriag vom Amtsg'richt d' Hypothekenbüacher zum Ei'binden. Auf oamal stand i do als a Revolutionär. De lasseten halt ihre Büacher ganz oafach bei an andern ei'binden. Und i hätt' an Dreck.

LINDLACHER. So geht's an jeden.

STELZER. Wir können die staatlichen Lieferungen nicht entbehren.

KIERMAYER. Des is mir alles recht, aba was soll denn jetzt da Bürgermoasta toa?

STELZER. Auf irgendeine Weise muß die Sache ins Geleise gebracht werden.

KIERMAYER. Wia denn?

GRUBER. Des is sei Sach. Dafür is er Bürgermoasta.

LINDLACHER *grob*. Und werd zahlt von uns.

GSCHWENDTNER. Hat er den Karr'n einig'schoben, kann er'n wieda rausziagn aa.

KIERMAYER. Aber a Blamaschi is scho, a Blamaschi.

LINDLACHER. Auf dös bissel geht's net z'samm.

GRUBER. Dös hätt' er si z'erscht überlegen müassen. Was braucht er denn gar a so aufz'drah'n? A Minister is do aa'r a Mensch!

STELZER. Alles mit Maß und Ziel!

GSCHWENDTNER UND LINDLACHER *laut unisono*. Mir möcht'n unser Ruah! –

KIERMAYER. Pst! Da kimmt er!

Fünfte Szene

Der Bürgermeister von links. Die Vorigen.

BÜRGERMEISTER. Guten Tag, meine Herren!

STELZER. Recht guten Tag!

DIE ANDEREN. S'Good, Herr Bürgermoasta –

BÜRGERMEISTER. Ich muß Ihnen nochmals meinen Dank aussprechen für gestern.

Verlegenes Schweigen. Stelzer hustet. Kiermayer schneuzt sich sehr laut.

LINDLACHER *gedehnt.* Ja – ja!

GSCHWENDTNER. Jaa!

STELZER. Bitte sehr. Keine Ursache, Herr Bürgermeister.

BÜRGERMEISTER. Es wird mir unvergeßlich bleiben.

LINDLACHER *grob herausplatzend.* Uns aa! *Verlegene Pause.*

GSCHWENDTNER. So geht's oft –

KIERMAYER. Jaa!

GRUBER *zu Stelzer.* No, red halt amal!

STELZER. Gewiß. Herr Bürgermeister, wir kommen eigentlich in
    einer bestimmten Angelegenheit

BÜRGERMEISTER *verbindlich.* Bitte, Herr Stelzer.

STELZER *etwas stockend.* Herr Bürgermeister waren – äh – so
    liebenswürdig, im Ministerium zu … zu opponieren. Wir haben
    unserer Freud' Ausdruck gegeben, in dieser Beziehung.

BÜRGERMEISTER. In erhebender Weise, Herr Stelzer.

STELZER. Jawohl, ja. Aber in den besseren Bürgerkreisen macht
    sich eine gewisse Strömung bemerkbar. Die Sorge um die Fa-
    milie und das Geschäft übt einen starken Einfluß aus.

LINDLACHER. Und das Interesse der Stadt.

STELZER. Ganz richtig. Auch das allgemeine Wohl. In dieser
    Beziehung fürchtet man, daß wir überhaupt keine Bahn erhalten.

GSCHWENDTNER. Und koa Lateinschul.

STELZER. Und daß auch die Errichtung der Lateinschule unter-
    bleibt.

BÜRGERMEISTER. Aber warum denn, meine Herren?

GRUBER *grob.* Da möcht i no lang fragen!

STELZER. Es ist bloß eine Stimme in den besseren Kreisen.

BÜRGERMEISTER. Sagen Sie mir nur einen vernünftigen Grund!

GRUBER *aufgeregt.* Jessas! Jessas!

LINDLACHER *heftig.* Zwanzgi für oan!

GSCHWENDTNER. Da braucht mo do koa Brillen, daß ma dös
    siecht!

BÜRGERMEISTER. Meine Herren, dieser Ton! ...

STELZER *unterbricht ihn.* Verzeihung, Herr Bürgermeister! Herr Gruber! Meine Herren! Wir können doch mit Ruhe reden! Erlauben Sie, Herr Bürgermeister, wir sind hier sozusagen als Vertreter der öffentlichen Meinung. Wegen der Sorge um die Bahn.

LINDLACHER UND GSCHWENDTNER *unisono.* Und d' Lateinschul!

STELZER. Es herrscht die Ansicht, daß Herr Bürgermeister die Opposition auf die Spitze getrieben haben. In dieser Beziehung.

BÜRGERMEISTER. Ich habe doch bloß Ihre Meinung vertreten!

STELZER. Ja, aber die Wahl der Worte, Herr Bürgermeister! Die Wahl der Worte!

GRUBER *grob.* Net gar a so aufdrah'n hätten S' sollen!

STELZER. Pst! Herr Gruber! Ich meine die Art und Weise, wie Herr Bürgermeister mit dem Minister umgegangen sind.

BÜRGERMEISTER. Sie befinden sich da in einem Irrtum, meine Herren!

LINDLACHER. Na! Na!

GSCHWENDTNER. Da gibt's koan Irrtum!

BÜRGERMEISTER. Die Sache ist aufgebauscht worden. Ich versichere Sie. Durch den dummen Artikel im Wochenblatt.

KIERMAYER. Herr Bürgermoasta, a bisserl is Eahna da Gaul durchganga; a bisserl!

GRUBER. Ja, a bisserl! Dös war scho viel!

BÜRGERMEISTER *zornig.* Sie trauen mir doch nicht zu, daß ich mich wie ein Flegel benehme?

GRUBER. Gar so übrig's fei müassen S' net g'wesen sei!

LINDLACHER. Für was hätten denn mir nacha an Ovation bracht?

GSCHWENDTNER *grob.* Mir san do net lauter Hanswurschten!

STELZER *flehend.* Ruhe, meine Herren! Ruhe! Wir sagen ja bloß, Herr Bürgermeister. Sie haben sich etwas hinreißen lassen durch Ihren edlen Eifer.

BÜRGERMEISTER. So glauben Sie mir doch, meine Herren! Sie sind falsch berichtet!

GRUBER *wütend.* Herrschaft! Jetzt kunnt i scho glei grob wer'n.

STELZER *zu Gruber.* Lassen Sie mich reden! *Zum Bürgermeister.* Herr Bürgermeister, wir haben doch nur das Wohl der Stadt im Auge. Wir machen Ihnen keine Vorwürfe; wir wollen uns nur beraten wegen dieser mißlichen Lage ...

BÜRGERMEISTER. Wie Sie immer von einer mißlichen Lage reden können.

STELZER. Oder sagen wir Dilemma. Es ist doch ein gewisses Dilemma vorhanden. Herr Bürgermeister waren in einer durchaus edlen Erregung, aber wir sind halt auch Untertanen.

KIERMAYER. Dös können S' doch net leugna, Herr Bürgermoasta!

GSCHWENDTNER. Geben S' as halt zua!

BÜRGERMEISTER. Ich will Ihnen was sagen, meine Herren! Das Wohl unserer Stadt liegt mir auch am Herzen.

STELZER. Das wissen wir, Herr Bürgermeister. In dieser Beziehung.

BÜRGERMEISTER. Ich habe mir die Sache überlegt. Schon bevor Sie gekommen sind, weil ich über Ihre Sorgen schon etwas unterrichtet war.

STELZER. Herr Bürgermeister ...

BÜRGERMEISTER *fortfahrend. Sehr würdevoll.* Und ich habe sofort meinen Entschluß gefaßt. Vollständig frei, denn ich lasse mich durchaus nicht nötigen.

STELZER. Das möchten wir nie, aber ...

BÜRGERMEISTER *unterbricht.* Ich werde den Minister fragen, ob ich sein Empfinden auch nur im geringsten verletzt habe.

Und sollte dies der Fall sein, *Kurze Pause.* dann werde ich mich entschuldigen.

GSCHWENDTNER. Ja, wirkli?

KIERMAYER *freudig.* I sag's ja!

BÜRGERMEISTER. Ich reise bereits morgen in die Residenz.

GSCHWENDTNER UND LINDLACHER. Ah! Ah!

KIERMAYER. Unsa Bürgermoasta!

STELZER. Herr Bürgermeister, erlauben Sie mir, diese Handlungsweise, sie ist eine edle!

LINDLACHER, GSCHWENDTNER, KIERMAYER *unisono.* Dös is s' aber aa!

BÜRGERMEISTER. Ich betone ausdrücklich, daß ich damit durchaus nicht zugebe, was in dem taktlosen Artikel gestanden hat. Aber – unserer Stadt zuliebe zögere ich keinen Augenblick. Ich möchte nicht, daß auch nur die leiseste Verstimmung bei der Regierung herrscht.

GSCHWENDTNER. Ja! Ja!

KIERMAYER. I sag ja bloß.

STELZER. Herr Bürgermeister, Sie haben sich selbst bezwungen, sozusagen. Das ist der schönste Sieg. *Alle drängen sich freudig erregt um den Bürgermeister, rufen bravo, schütteln ihm die Hand.*

KIERMAYER. Das war ein Manneswort!

LINDLACHER. Respekt, sag' i!

GSCHWENDTNER. Hut ab! vor einem solchen Mann!

GRUBER. Nix für unguat.

STELZER. Und unsern Dank! Unsern heißen Dank!

BÜRGERMEISTER. Bitte, meine Herren! Ich bedaure nur, daß Sie mir nicht gleich Ihr Vertrauen schenkten.

KIERMAYER. Der Gruber halt!

GRUBER. I war net alloa!

STELZER. Keinen Zwist, meine Herren! Wir haben nie das Vertrauen verloren, Herr Bürgermeister.

LINDLACHER. Ma red't ja bloß!

STELZER. Es war nur die Sorge um das Gemeinwohl!

GSCHWENDTNER. Ganz richtig!

STELZER. Wir wissen alle, was wir an Herrn Bürgermeister haben. Und wir werden das auch zeigen.

LINDLACHER. Jawohl!

Sechste Szene

Unter der Gartentüre erscheint Heitzinger in Eile.

HEITZINGER. Endlich finde ich die Herren. Ich suche seit einer Stunde herum. Was sagen Sie zu meinem Artikel? Wie steht jetzt die Angelegenheit?

Beim Eintreten Heitzingers sind alle etwas beiseite getreten, so daß sich der Bürgermeister und Heitzinger gegenüber stehen.

BÜRGERMEISTER. Das will ich Ihnen schon sagen. Die Angelegenheit steht schlecht für Sie.

HEITZINGER *verblüfft.* Wie? Was? Für mich?

BÜRGERMEISTER. Sie sind schuld an der ganzen Geschichte! Sie sind schuld, wenn die Gesinnung dieser Stadt auch nur einen Augenblick angezweifelt werden konnte. Sie ganz allein.

HEITZINGER. Diesen Vorwurf habe ich nicht verdient.

BÜRGERMEISTER. Jawohl haben Sie ihn verdient. Durch Ihren taktlosen Artikel!

HEITZINGER. Ich weiß nicht, wie ich mir vorkomme.

GSCHWENDTNER. Geh! G'stell di net a so!

LINDLACHER. Die ganze Bürgerschaft hetzat er auf anander. Was glauben denn Sie eigentli?

GSCHWENDTNER. Hast denn du gor koan Respekt vor der
Obrigkeit?

GRUBER. Wia er d' Regierung anpacken möcht! Da hört sie do
alles auf.

LINDLACHER. An Minister möcht er beleidigen!

KIERMAYER. Mit sein' Schmierblattl!

HEITZINGER. Das verbitte ich mir! Ich verbitte mir solche un-
parlamentarischen Ausdrücke! Ich habe bloß meine Pflicht getan.

BÜRGERMEISTER. Das haben Sie nicht.

HEITZINGER. Herr Bürgermeister, ich habe doch bloß geschrieben, was Sie erzählt haben.

BÜRGERMEISTER. Was?

HEITZINGER. Ja. Nach Ihrer glücklichen Rückkehr.

BÜRGERMEISTER *geht langsam auf Heitzinger zu, tritt dicht an
ihn heran und blickt ihn durchbohrend an.* Mensch! Habe ich
Ihnen etwas erzählt von Brutus? He?

HEITZINGER. Nein – – –

GSCHWENDTNER. Des muaß scho der Richtige g'wen sei!

BÜRGERMEISTER. Und vom weströmischen Reich? He?

HEITZINGER. Erlauben Sie – – –

BÜRGERMEISTER. Und von Tyrannen? Und von vernichten?
He?

HEITZINGER. Das ist ja bloß der Stil, Herr Bürgermeister! Das
ist ja bloß der Stil. Das muß so sein.

GRUBER. A Schmarr'n is!

GSCHWENDTNER. Und a rechte Unverschämtheit. *Alle schreien
auf Heitzinger ein.*

BÜRGERMEISTER. Sie haben sich alles aus den Fingern gesogen.

HEITZINGER. Ich habe der Sache natürlich eine schöne Wendung
gegeben. Damit es einen Schwung hat. Aber ich wollte damit
nur Herrn Bürgermeister unterstützen.

BÜRGERMEISTER. So?

HEITZINGER. In Ihrem Kampfe gegen den Minister.

BÜRGERMEISTER *groß.* Herr Heitzinger, diese Kämpfe pflege ich allein auszutragen.

KIERMAYER. Da brauch'n ma Eahna net dazua.

HEITZINGER. Aber die Presse – – –

BÜRGERMEISTER *wie oben.* Was ich und der Minister einander zu sagen haben, das ist nicht für die Presse.

LINDLACHER. Wia könna denn Sie überhaupts mitreden? Sie san ja gar net von hier.

GRUBER. Sie Zuag'roaster!

BÜRGERMEISTER. Ich kann Ihnen nur sagen, Heitzinger, Sie haben es beinahe fertig gebracht, daß der Frieden unserer Stadt gestört wurde.

STELZER. Wenn das überhaupt möglich wäre!

BÜRGERMEISTER. Wenn das überhaupt möglich wäre. Ja! *Er zieht das Wochenblatt aus der Tasche und klopft darauf.* Es weht ein böser Geist aus diesen Zeilen, Heitzinger!

HEITZINGER *resolut.* Wissen Sie was, Herr Bürgermeister, wenn der Artikel verfänglich ist – – dann dementiere ich ihn ganz einfach.

GSCHWENDTNER. Dös werd dei Glück sei!

BÜRGERMEISTER. Wie soll das gehen?

HEITZINGER. Ich schreibe einfach, daß ich mich geirrt habe.

KIERMAYER. Oder daß d' b'suffa g'wen bist.

BÜRGERMEISTER. Schreiben Sie nur, daß Sie sich geirrt haben. Denn glauben Sie mir, Sie haben sich auch geirrt.

STELZER. Aber meine Herren, wir müssen jetzt gehen. Also adieu, Herr Bürgermeister.

GSCHWENDTNER. Und nomal vielen Dank.

KIERMAYER UND LINDLACHER. Im Namen der Stadt. *Sie schütteln ihm wieder die Hand.*

STELZER. Ich habe die Ehre, mich zu empfehlen.

BÜRGERMEISTER. Adieu, Herr Stelzer!

LINDLACHER, GSCHWENDTNER, GRUBER, KIERMAYER. Pfüat Good!

BÜRGERMEISTER. Adieu, meine Herren! Und Sie, Herr Heitzinger, halten Sie diesmal Ihr Versprechen; Sie haben viel gutzumachen.

Alle gehen ab durch die Gartentüre und reden eifrig in Heitzinger hinein, der heftig gestikuliert. Kiermayer kehrt unter der Türe um und geht auf den Bürgermeister zu.

KIERMAYER. Herr Bürgermoasta! I bi koa Redner. Aba Sie verstengan mi do! I sag bloß dös. Bal die Regierung jetzt no was will – nacha san mir scho do! *Schüttelt ihm die Hand.*

BÜRGERMEISTER. Jawohl, Herr Kiermayer.

KIERMAYER. Mir zwoa verstengan anand.

Kiermayer ab. Nach Abtreten Kiermayers stellt sich der Bürgermeister an das rechte Fenster und blickt mit dem Rücken gegen das Publikum gewendet in den Garten hinaus. Pause. Der Major kommt von links.

Siebente Szene

Der Major. Der Bürgermeister.

MAJOR. Was war denn das für eine lebhafte Unterhaltung?

BÜRGERMEISTER. Das Gemeindekollegium war da.

MAJOR. Aha!

BÜRGERMEISTER. Sie haben mich gebeten, daß ich den Minister beschwichtigen soll.

MAJOR. Und du?

BÜRGERMEISTER. Ich? *Legt die Hände auf den Rücken und geht auf und ab.* Ich habe eingewilligt. Was will ich machen?

MAJOR. Natürlich!

BÜRGERMEISTER. Weißt du, Karl, eine Lehre habe ich mir gezogen heute. Ich bin jetzt gewitzigt. Ich hole nicht noch einmal die Kastanien aus dem Feuer.

MAJOR. Da hast du recht.

BÜRGERMEISTER. Diese Helden! Und dafür opfere ich das Glück meiner Familie! *Frau Bürgermeister von links in großer Eile.*

Achte Szene

Die Vorigen. Frau Bürgermeister.

FRAU BÜRGERMEISTER. Fritz! Fritz! Er kommt.

BÜRGERMEISTER. Was? Wer?

FRAU BÜRGERMEISTER. Adolf. Ich war bei ihm. Ich habe ihm alles erzählt. *Der Major geht nach links ab.*

BÜRGERMEISTER *aufgeregt.* So red doch! Was ist denn?

FRAU BÜRGERMEISTER. Ich bin so gelaufen. Es kann noch alles gut werden. Er weiß, daß gar nichts vorgefallen ist.

BÜRGERMEISTER. Ja, aber ...

FRAU BÜRGERMEISTER. Denk an unser Suschen. Sie war unglücklich genug wegen deiner Halsstarrigkeit.

BÜRGERMEISTER. Ich will ja gern. Ich will ja von Herzen gern, wenn ...

FRAU BÜRGERMEISTER *streichelt ihm die Wange.* Sei wieder der Alte! Schau! So wie früher. Da kommt er schon!

Beringer erscheint langsam und gemessen unter der Gartentüre.

Neunte Szene

Die Vorigen. Beringer.

BÜRGERMEISTER *auf ihn zueilend.* Adolf!

BERINGER. Mama hat mir gesagt ...

BÜRGERMEISTER. Herrgott, weil du nur kommst! Weil du nur wieder da bist! Junge!

BERINGER. Ja, ich weiß noch nicht, ob ...

BÜRGERMEISTER. Aber ich weiß. Das Ganze war ja ein Unsinn!

FRAU BÜRGERMEISTER *welche sich mit dem Taschentuche die Tränen trocknet, zu Adolf.* Die Hauptsache ist, daß du unser Suschen noch immer lieb hast.

BERINGER. Gewiß habe ich Suschen gerne, aber du weißt ja, was ich gesagt habe, Mama.

FRAU BÜRGERMEISTER *zu ihrem Manne.* Er war so gut zu mir, und er ist gleich mitgekommen.

BERINGER. Ja, aber ihr begreift doch, ich muß doch gewisse Sicherheiten haben.

FRAU BÜRGERMEISTER. So red doch. Fritz!

BÜRGERMEISTER *zu Adolf.* Natürlich! Da hast du recht! Du mußt Sicherheiten haben. *Schüttelt ihm die Hand.* Alter Junge!

BERINGER. Mama sagt mir, du hättest keinerlei Kontroversen mit Exzellenz gehabt?

BÜRGERMEISTER. I wo werd ich!

BERINGER. Es hat keine Szene gegeben?

BÜRGERMEISTER. Keine Spur! Wie du nur einen Moment so was glauben konntest!

FRAU BÜRGERMEISTER. Das war schon deine Schuld, Fritz.

BÜRGERMEISTER. Aber natürlich war es meine Schuld.

BERINGER. Ich begreife faktisch nicht, wie man mit so etwas renommieren kann! Das ist doch kein Verdienst!

BÜRGERMEISTER. Im Gegenteil! Da hast du recht.

FRAU BÜRGERMEISTER. Er hat ja sonst nie etwas von der Politik wissen wollen, Adolf.

BÜRGERMEISTER. Und du weißt doch, daß ich die besten Beziehungen zum Ministerium habe.

BERINGER. Das liegt vor dieser Geschichte.

BÜRGERMEISTER. Das waren bloß ein paar Redensarten, im Privatkreis.

FRAU BÜRGERMEISTER. Es war gewiß nicht bös gemeint.

BÜRGERMEISTER. Und eigentlich habe ich der Regierung damit einen Dienst geleistet.

BERINGER *gedehnt.* So?

FRAU BÜRGERMEISTER *ängstlich.* Fritz!

BÜRGERMEISTER. Nein, wirklich! Du mußt doch zugeben, Adolf, daß in der Stadt eine starke Erregung herrschte.

BERINGER. Ach was!

BÜRGERMEISTER *begütigend.* Natürlich nichts Gefährliches. Aber immerhin eine Erbitterung. Da war es doch meine Aufgabe, den Leuten darüber wegzuhelfen. Das tat ich, indem ich sagte, daß ich ihre Interessen kräftig vertrat. Wenn wir nicht durchdrangen, ging es eben nicht anders. Der Notwendigkeit muß man sich beugen.

BERINGER. So hast du aber nicht gesprochen.

FRAU BÜRGERMEISTER. Nein, Fritz!

BÜRGERMEISTER. Ich hätte deutlicher sein sollen. Das war mein Fehler. Aber am Ende kann ich nichts dafür, wenn einige Schreier die Sache aufbauschen!

BERINGER. Das ist alles recht schön. Aber die Ovation ist nun einmal Tatsache.

BÜRGERMEISTER. Ich werde morgen dem Minister versichern, daß sie durchaus loyal gemeint war.

BERINGER. Du fährst zum Minister?

BÜRGERMEISTER. Gewiß. Vorhin habe ich es der Bürgerschaft versprochen.

FRAU BÜRGERMEISTER. Die Bürger waren bei dir?

BÜRGERMEISTER. Ja, und haben mich gebeten, dem Minister ihre Ergebenheit zu versichern. Damit ist doch die Sache bestens erledigt.

BERINGER. Aber womit kannst du deinen Besuch motivieren: Du mußt doch einen Grund haben?

BÜRGERMEISTER. Den habe ich auch. Ich werde mich feierlich gegen den Artikel im Wochenblatt verwahren. Ich werde erklären, daß wir nicht das Mindeste damit zu tun haben.

BERINGER. Der Minister wird glauben, daß dich dein schlechtes Gewissen hintreibt.

BÜRGERMEISTER *eifrig*. Wieso denn? Er muß es doch selbstverständlich finden, daß wir gegen diese Taktlosigkeit Stellung nehmen.

BERINGER. Hm!

BÜRGERMEISTER. Außerdem weiß der Minister doch selbst am besten, daß ich ihm keine Grobheiten gemacht habe.

BERINGER. Das ist allerdings richtig.

BÜRGERMEISTER. Und er sieht ja, wieviel mir an seinem Wohlwollen liegt!

FRAU BÜRGERMEISTER. Es wird noch alles gut werden.

BERINGER *zögernd*. Vielleicht. Jedenfalls kann die Audienz günstig wirken.

BÜRGERMEISTER. Aber natürlich! Wird sie auch! Verlaß dich ganz auf mich! *Er schiebt seinen Arm unter den Beringers.* Und jetzt komm zu unserm Suschen! *Er zieht Beringer lebhaft gegen die linke Türe. Die Bürgermeisterin folgt, und trocknet wieder ihre Augen. Vor der Türe bleibt Beringer stehen.*

BERINGER. Gut! Ich komme mit. Aber wie gesagt, unter dem Vorbehalt, daß ich etwa ...

BÜRGERMEISTER *burschikos*. Papperlapapp! Da fehlt nichts mehr! Verlaß dich nur ganz auf mich! *Er zieht Beringer mit. Alle drei ab. Man hört zuerst den Bürgermeister, dann seine Frau lebhaft rufen.* Suschen! Suschen!

Zehnte Szene

Die Szene ist kurze Zeit leer. Dann treten der Major und Bierbrauer Schweigel durch die Gartentüre ein. Schweigel sichtlich in Verlegenheit. Während der Szene tritt allmählich Dämmerung ein.

SCHWEIGEL *nimmt seinen Hut ab und kraut sich hinter dem Ohre.* Teufi! Teufi!

MAJOR. Ja, ja!

SCHWEIGEL. Dablecken S' mi nur recht!

MAJOR. Ich sag' doch nichts.

SCHWEIGEL. Aber hoamli lacha, gel? Reden S' halt amal! Was sagen denn Sie dazua?

MAJOR. Das nämliche wie gestern.

SCHWEIGEL. Da hamm Sie unsern Charakter anzweifelt. Net wahr?

MAJOR. Wollen Sie heut wieder über die Festigkeit streiten?

SCHWEIGEL. Warum denn net?

MAJOR. Schön. Da fangen wir gleich beim Gemeindekollegium an.

SCHWEIGEL *rasch.* Na! Liaba net!

MAJOR. Jetzt frag' ich einmal. Was sagen denn Sie dazu, Herr Schweigel?

Kleine Pause. Schweigel kratzt sich wieder hinter dem Ohre. Dann resolut.

SCHWEIGEL. I will Eahna was sag'n, Herr Major. Sie hamm jetzt das Heft in der Hand. Scheinbar. Aba Sie schaug'n die G'schicht do net ganz richtig o.

MAJOR. So?

SCHWEIGEL. Ja. Wissen S', es gibt da aa verschiedene Ansichten.

MAJOR. Das stimmt.

SCHWEIGEL. Oaner hat de, und der ander hat an andere.

MAJOR. Und manche haben zwei, und wechseln ab damit.

SCHWEIGEL. I hör' Eahna scho geh. Aba wissen S' die Halsstar-rigkeit is aa'r a Fehler.

MAJOR. An dem leiden die Dornsteiner nicht.

SCHWEIGEL. Ja no! Der G'scheiter gibt nach.

MAJOR *lacht herzlich.* Sie sind ein braver Staatsbürger.

SCHWEIGEL. Sie lachen, Herr Major, aber sehg'n S', i behaupt, daß für uns Bürger de Politik überhaupts net paßt.

MAJOR. Nicht?

SCHWEIGEL. Na – de Politik is was für de Leut', de Zeit dazua hamm und de koana Rücksichten net z' nehma braucha.

MAJOR. Ja, wenn die Rücksichten nicht wären!

SCHWEIGEL. Des is ja! Sehg'n S', mir hamm z'letzt soviel Schneid wia'r a jeder. Aba – mir halten uns z'ruck.

MAJOR. Aha!

SCHWEIGEL. Mir müassen scho! Ob ma mög'n oder net. Mir hamm a G'schäft und hamm a Familie.

MAJOR. Kommen Sie auch mit dem?

SCHWEIGEL. Herr Major, allen Respekt vor dem Mannesmut, aba das allererste is, daß 's Haus in Ordnung is. Und des geht mit der Politik net z'samm.

MAJOR. Das sehe ich gar nicht ein.

SCHWEIGEL. Des is ganz klar. Net wahr, wenn oaner Politik macht, steht er allaweil zu oaner Partei. Und des is nix für an Geschäftsmann. Der muaß mit alle Leut guat steh'.

Es ist dunkel geworden. Marie kommt mit einer Gartenlampe.
Die Bühne ist nun mäßig erhellt. Marie ab.

MAJOR. Ihr dürft also bloß im Wirtshaus politisieren?

SCHWEIGEL. Des is des G'scheitest. Was schaugt denn raus dabei, wenn ma selber mittut? Mir sehg'n recht guat, daß im Staat vieles zum verbessern waar – aber mir Dornstoana alloa reißen des aa nimmer raus.

MAJOR. Besonders nicht, wenn ihr gleich umfallt.

SCHWEIGEL. Umfallen! G'setzten Falles, mir waaren umg'fallen.

MAJOR. Blimel! Blamel! Ihr habt nach allen Regeln der Kunst umgeschmissen.

SCHWEIGEL. Also g'setzten Falles, mir san umg'fallen, was is denn nacha?

MAJOR. Oh, gar nichts.

SCHWEIGEL. Sie müassen mi recht vasteh'. I sag' selber, daß de Standhaftigkeit was Schön's is. Moralisch bin i eigentli ganz mit Eahna ei'vastanden, aba der andere Standpunkt hat aa sei Berechtigung.

MAJOR. Welcher? Der unmoralische?

SCHWEIGEL. Jetzt möchten S' mi wieder dablecken! Na, sehg'n S', Herr Major, ma fragt si doch, will ma den Streit weiter führ'n oder will ma sei Ruah hamm. D' Regierung is oamal z' stark, und da gang der Verdruß nimmer aus. Also sagt ma si: »Leb'n ma'r im Frieden!« *Während der letzten Sätze ist von beiden unbemerkt der Bürgermeister links eingetreten.*

Elfte Szene

Die Vorigen. Der Bürgermeister.

BÜRGERMEISTER *laut und freudig.* Bravo! Ja, leben wir im Frieden!

SCHWEIGEL. Ah, da Herr Bürgermoasta ...

BÜRGERMEISTER. Das war mir aus der Seele gesprochen.

MAJOR. Ist die Versöhnung allgemein?

BÜRGERMEISTER. Gott sei Lob und Dank! Ja!

SCHWEIGEL. In der ganzen Stadt is oa Begeisterung. Dös hamm S' scho fei geben, Herr Bürgermoasta!

MAJOR. In der Familie ist alles wieder in Ordnung?

BÜRGERMEISTER *schüttelt ihm die Hand.* Ja, Karl.

MAJOR. Dann wäre ich also der einzige, der unrecht hat.

BÜRGERMEISTER. Du hast es gewiß gut gemeint.

MAJOR. Na, das ist wenigstens etwas.

SCHWEIGEL. Da Herr Major is halt an alter Soldat und möcht allaweil an kloan Kriag.

BÜRGERMEISTER *sich die Hände reibend.* Ach, Leute! Ich bin so froh! Sie haben jedenfalls gehört, Herr Schweigel, es war eine Verstimmung da.

SCHWEIGEL. Mit'n Herrn Amtsrichter? Ja, i hab was läuten hören.

BÜRGERMEISTER *heiter.* Das ist alles in Ordnung! Gottlob! *Von links kommt Beringer, Arm in Arm mit Suschen. Hinter ihnen die Bürgermeisterin.*

Zwölfte Szene

*Der Bürgermeister. Der Major. Schweigel. Frau Bürgermeister.
Beringer. Suschen.*

SCHWEIGEL *sehr laut.* So is recht! Waar ja net übi, wenn sie des schönste Brautpaar z'kriag'n tat!

BÜRGERMEISTER *zu Beringer.* Herr Schweigel hörte davon.

SCHWEIGEL. Und i hab koan schlechten Verdruß g'habt! Liaba wer'et ma do scho a ganze Sud Bier sauer, als so was! Herrschaftsseiten!

SUSCHEN. Sie sind so gut zu mir, Herr Schweigel.

SCHWEIGEL *mit lärmender Lustigkeit.* Da hamm S' recht! I gab Eahna glei a Busserl, wenn da Herr Amtsrichter net dabei war! *Wendet sich zur Bürgermeisterin und reicht ihr die Hand.* Gelten S', Frau Mama?

SUSCHEN *zu Beringer.* Heute bleibst du recht lange?

BERINGER. Eigentlich … aber wenn du willst.

SUSCHEN *küßt ihn.* Du lieber Schatz!

FRAU BÜRGERMEISTER *gerührt.* Unsere Kinder! Fritz!

SCHWEIGEL *lärmend zum Major.* Ha? Sag'n S' amal selber, is des net g'scheiter als wia d' Politik?

FRAU BÜRGERMEISTER. Aber jetzt setzen wir uns!

BÜRGERMEISTER. Heute soll es einmal gemütlich werden.

SUSCHEN. Herr Schweigel bleibt auch da? Gelt?

SCHWEIGEL. Freili, Sie liabs Hascherl! *Man hört entfernt Musik.*

FRAU BÜRGERMEISTER. Also Platz nehmen! Karl, du mußt neben mich …

SCHWEIGEL. Wenn i no dro denkt hätt', nacha hätt' i a Banzel Bier aufg'legt.

Alle gehen zu Tisch. Schweigel, der Major, Frau Bürgermeister, der Bürgermeister setzen sich. Suschen und Beringer wollen Platz nehmen. In diesem Augenblick intoniert die Musik ganz nahe einen Marsch. Alle horchen. Der Bürgermeister und seine Frau springen auf.

BÜRGERMEISTER. Was ist das?

MARIE *stürzt herein und ruft.* D' Liedertafel kommt!

FRAU BÜRGERMEISTER *bestürzt.* Um Gottes willen!

BÜRGERMEISTER. Es wird doch nicht wieder …!

SCHWEIGEL. Na! Na! Hamm S' nur koa Angst! Desmal is a Friedensfeier!

Dröhnender Marsch. Die Musik, die Liedertafel, Lampionträger und viel Volk sind im Garten angelangt. Einen Moment Stille. Dann singt ein Quartett die erste Strophe von »Still ruht der See«. Nach Beendigung der Strophe tritt Stelzer unter die Türe und spricht gegen den Zuschauerraum gewendet.

STELZER. Zum zweiten Male kommen wir mit Dank erfüllt an diese Schwelle. Unser Herr Bürgermeister, der dem Wohle der Stadt alles opfert, und der sich selber bezwungen hat, er lebe Hoch! Hoch! Hoch!

Die Leute im Garten stimmen brausend in das Hoch ein. Einen Augenblick Schweigen. Dann tritt der Bürgermeister vor und spricht.

BÜRGERMEISTER. Mitbürger! Diese Ehrung überrascht mich noch mehr wie die erste. Ich weiß aber, daß Sie damit nur Ihre gute Gesinnung zeigen wollen. Wir Dornsteiner sind und bleiben treue Untertanen. Jetzt und immerdar. In diesem Sinne rufe ich: Die loyale Stadt Dornstein soll leben Hoch! Hoch! Hoch!

Stürmische Hochs und Bravos. Die Liedertafel fällt gleichzeitig mit dem Sängerspruche ein.

Schneidige Wehr,
Blanke Ehr,
Lied zum Geleit,
Gib Gott allezeit!

Während des Singens fällt der Vorhang.

Biografie

1867 *21. Januar:* Ludwig Thoma wird in Oberammergau als fünftes von acht Kindern des Oberförsters Max Thoma und seiner Ehefrau Katharina, geb. Pfeiffer, geboren.

Seine ersten Lebensjahre verbringt Thoma (bis 1873) im Forsthaus in der Vorderriss, wo seine Eltern nebenbei eine Restauration führen.

1873 Besuch der Volksschule in Forstenried bei München (bis 1874), wohin der Vater versetzt worden ist.

1874 *26. September:* Tod des Vaters.

Thoma wird von einer Tante in Landshut aufgenommen und besucht dort die Volks-, dann die Lateinschule (bis 1876).

1877 Thoma wird Zögling in einem Internat in Neuburg an der Donau und wechselt wenig später an die Studienanstalt zu Burghausen.

1879 Thoma besucht das Königliche Wilhelmsgymnasium in München (bis 1885).

1885 Königliche Studienanstalt Landshut.

1886 *4. August:* Thoma erhält das Abiturzeugnis.

Studium der Forstwirtschaft in Aschaffenburg (bis 1887). Er wird aktives Mitglied der Studentenschaft Corps Hubertia.

1887 Thoma wechselt zum Jurastudium an die Ludwig-Maximilians-Universität München (bis 1888).

Aktive Mitgliedschaft im Studentencorps Suevia.

1888 Thoma setzt sein Studium in Erlangen fort (bis 1890).

1890 *September:* Thoma wird Rechtspraktikant am Königlichen Amtsgericht Traunstein (bis Mai 1891).

1891 *Juni:* Rechtspraktikant am Königlichen Landgericht in

Traunstein (bis März 1892).

August: Promotion zum Dr. jur. in Erlangen.

1892 *März:* Vorbereitungspraxis am Königlichen Bezirksamt Traunstein (bis Januar 1893)

1893 *Februar:* Rechtspraktikant im Stadtmagistrat München (bis März 1893).

1893 *März–September:* Vorbereitungspraxis bei Rechtsanwalt Dr. Theodor Loewenfeld in München.

Dezember: Thoma legt die 2. Prüfung für den höheren Justiz- und Verwaltungsdienst in München ab.

1894 *2. Juni:* Tod der Mutter.

17. Oktober: Thoma erhält die Zulassung als Rechtsanwalt beim Königlichen Amtsgericht Dachau und eröffnet eine Rechtsanwaltskanzlei in Dachau (bis 1897).

1895 Erste Veröffentlichungen erscheinen im »Sammler«, der belletristischen Beilage der »Augsburger Abendzeitung«.

1896 Beiträge für die Zeitschrift »Die Jugend«.

1897 *1. April:* Thoma gibt die Rechtsanwaltskanzlei in Dachau auf und übersiedelt nach München, wo er die Zulassung als Rechtsanwalt beim Königlichen Landgericht München II erhält und eine neue Kanzlei eröffnet (bis 1899).

Thomas erstes Buch »Agricola« (Bauerngeschichten), wie auch seine späteren im bayerischen Dialekt geschrieben, erscheint.

Anschluss an den Künstlerkreis um die im Vorjahr gegründete Zeitschrift »Simplicissimus«.

1898 Erste Veröffentlichungen im »Simplicissimus«.

1899 *August:* Der Verleger Albert Langen bietet Thoma die ständige Mitarbeit als Redakteur des »Simplicissimus« an.

September: Thoma verkauft seine Rechtsanwaltskanzlei.

Thoma beendet die Arbeit an seinem Lustspiel »Witwen«, das aber von allen Münchener Theatern abgelehnt wird

(Uraufführung erst 1958).

1900   *März:* Thoma wird Redakteur des »Simplicissimus« und schreibt bis zu seinem Tod knapp 800 Beiträge für die Zeitschrift, die zumeist unter dem Pseudonym Peter Schlemihl erscheinen.

»Assessor Karlchen« (Humoresken).

1901   »Grobheiten« (satirische Gedichte aus dem »Simplicissimus«).

24. August: Uraufführung der Komödie »Die Medaille« am Residenztheater München.

27. September: Übersiedlung nach Berlin (bis März 1902). Thoma wird Mitarbeiter des Kabaretts »Überbrettl«, das Ernst von Wolzogen leitet.

28. November: Die Premiere der »Medaille« im »Überbrettl« wird zu einem großen Erfolg.

1902   Bekanntschaft mit Hermann Sudermann, Maximilian Harden, Ludwig Ganghofer.

April: Reise nach Paris zu Albert Langen. Bekanntschaft mit Auguste Rodin.

Mai: Radtour nach Venedig zusammen mit Rudolf Wilke, Bruno Paul, Eduard Thöny, Ferdinand Freiherr von Reznicek und Reinhold Geheeb.

Juni–August: Aufenthalt in Finsterwald am Tegernsee.

Oktober: Erste Beiträge für die Münchner Neuesten Nachrichen.

19. Oktober: Die Uraufführung der Komödie »Die Lokalbahn« findet mit großem Erfolg im Königlichen Residenztheater in München statt.

1903   *Januar:* Reise nach Wien zur Aufführung der »Lokalbahn«.

März–April: Aufenthalt in Rom.

»Neue Grobheiten« (Gedichte aus dem »Simplicissimus«).

1904   *März–Mai:* Radtour mit Eduard Thöny und Rudolf Wilke nach Südfrankreich, Algier und Italien.

Oktober: Das Gedicht »An die Sittlichkeitsprediger in Köln am Rheine« erscheint im »Simplicissimus«. Es bringt Thoma im folgenden Jahr eine Haftstrafe von sechs Wochen Gefängnis ein, die er 1906 verbüßt.

»Lausbubengeschichten. Aus meiner Jugendzeit« (Prosasammlung).

1905 *Mai:* Radtour an den Gardasee und nach Florenz.

Liebesbeziehung zu der Tänzerin Marietta, die mit dem Schriftsteller und Komponisten Georg David Schulz verheiratet ist.

Der in bayerischer Mundart verfasste Bauernroman »Andreas Vöst« wählt einen Stoff aus den juristischen Akten von Thoma: den Rechtsstreit zwischen einem Bauern und einem katholischen Pfarrer.

25. November: Uraufführung des Schwanks »Der Schusternazi« im Theater am Gärtnerplatz in München.

1906 *Januar:* In einem Prozess vor dem Landgericht München I wegen des Simpl-Flugblatts »Fort mit der Liebe!« wird Thoma freigesprochen.

Februar: Thoma wird Mitgesellschafter des in eine GmbH & Co. umgewandelten »Simplicissimus«.

April: Reise an den Bodensee, nach Tübingen und Ulm gemeinsam mit Albert Langen. Besuch bei Hermann Hesse, Emil Strauß und Ludwig Finckh.

16. Oktober – 27. November: Thoma verbüßt in München eine sechswöchige Gefängnisstrafe, zu der er wegen »Beleidigung und der öffentlichen Beschimpfung einer Einrichtung der christlichen Kirche mittels Presse« in seinem Gedicht »An die Sittlichkeitsprediger in Köln am Rheine« verurteilt worden war.

»Tante Frieda« (neue Lausbubengeschichten).

1907 Zusammen mit Hermann Hesse, Albert Langen und Kurt Aram gibt Thoma die Zeitschrift »März« heraus.

26. März: Eheschließung mit Marion (Marietta di Rigardo, geb. Maria Trinidad de la Rosa, gesch. Maria Schulz).

März–April: Hochzeitsreise nach Florenz und Bologna.

»Kleinstadtgeschichten«.

»Moritaten«.

1908 *April:* Übersiedlung in die Tuften in Rottach am Tegernsee.

Im »Simplicissimus« erscheint der erste »Brief eines bayrischen Landtagsabgeordneten« (41 Briefe bis 1914).

20. November: Uraufführung von »Moral« im Kleinen Theater in Berlin.

1909 *Januar:* Reise nach Wien zur Premiere von »Moral« am Deutschen Volkstheater.

30. April: Tod von Albert Langen in München.

»Briefwechsel des bayrischen Landtagsabgeordneten Jozef Filser«.

1910 *12. August:* Uraufführung des Einakters »Erster Klasse« auf der Bauernbühne Michel Dengg in Egern.

1911 *30. Juni:* Scheidung von seiner Frau.

Juli: Thoma wird Gesellschafter der in eine GmbH umgewandelten Zeitschrift »März«.

5. November: Uraufführung des Einakters »Lottchens Geburtstag« in Stuttgart.

»Der Wittiber« (Roman).

1912 *12. Oktober:* Uraufführung des Volksstücks »Magdalena« im Kleinen Theater in Berlin.

»Jozef Filsers Briefwexel. Zweites Buch«.

1913 *13. März:* Uraufführung der Burleske »Das Säuglingsheim« in den Kammerspielen in München.

März: Aufenthalt in Berlin, anschließend in Rom.

Juli: Theodor Heuss wird verantwortlicher Redakteur des »März«.

29. November: Uraufführung des Schauspiels »Die Sippe« im Kleinen Theater in Berlin.

Thoma gibt zusammen mit Georg Queri das »Bayernbuch« heraus, das Beiträge von einhundert bayerischen Autoren versammelt.

1914   *April:* Aufenthalt in Rom und Sorrent.

Thoma meldet sich freiwillig zum Kriegsdienst als Krankenpfleger (bis 1915).

»Der Postsekretär im Himmel« (Skizzen).

»Christnacht« (Volksstück).

1915   *April:* Versetzung an die Ostfront in Galizien und Russland.

6. Juni: Auszeichnung mit dem Eisernen Kreuz II. Klasse.

August: Thoma erkrankt in Brest-Litowsk an der Ruhr.

September: Rückkehr in die Heimat.

1916   In einem reichen Schaffensjahr entstehen Lustspiele und Erzählungen.

1917   Thoma nimmt die bayerische Erzählerin Lena Christ in sein Haus auf.

Die Zeitschrift »März« stellt mit dem 11. Jahrgang ihr Erscheinen ein.

Februar: Thoma beginnt mit der Niederschrift seiner »Erinnerungen« (bis 1919).

Juli: Er schließt sich der Deutschen Vaterlandspartei an und spricht wiederholt auf Veranstaltungen der Partei.

1918   Liebesbeziehung zu Maidi von Liebermann.

1919   *Juli:* Wegen Aufgabe der Zulassung wird Thomas Eintragung in die Liste der Rechtsanwälte beim Landgericht München II gelöscht.

Erster Entwurf zu dem autobiografischen Roman »Kaspar

Lorinser« (unvollendet).

1920 Thoma beginnt mit der Veröffentlichung zahlreiche poli-
tischer Artikel im »Miesbacher Anzeiger« (sämtlich an-
onym, bis 1921).

»Leute, die ich kannte« (Autobiografie).

1921 *6. August:* Thoma muss sich in München einer Magenope-
ration unterziehen und erfährt, dass er an Magenkrebs
leidet.

26. August: Ludwig Thoma stirbt auf seinem Landsitz in
Rottach am Tegernsee und wird neben Ludwig Ganghofer
begraben, der ein Jahr zuvor verstorben ist.

Lightning Source UK Ltd.
Milton Keynes UK
UKHW030223030821
388208UK00004B/558